José Bartolomeu Felix de Lima

O Querígma Lucano

José Bartolomeu Felix de Lima

O Querígma Lucano

Elementos querigmáticos lucanos como pressuposto para uma Nova Evangelização

CREDO EDICIONES

Cover image: www.ingimage.com

Publisher:
CREDO EDICIONES
ist ein Imprint der / is a trademark of
International Book Market Service Ltd., member of OmniScriptum Publishing Group
17 Meldrum Street, Beau Bassin 71504, Mauritius

Printed at: see last page
ISBN: 978-613-1-77045-6

O Querígma Lucano

Elementos querigmáticos lucanos como pressuposto para uma Nova Evangelização

José Bartolomeu Felix de Lima

ÍNDICE

INTRODUÇÃO

O tema da evangelização e seus desdobramentos é uma discussão sempre atual em todos os seguimentos eclesiais. Na narrativa de Marcos, o Ressuscitado ao aparecer aos onze lhes dá a missão de anunciar o Evangelho dizendo: "Ide por todo o mundo e pregai o Evangelho a toda criatura" (cf.Mc 16,15). A pregação ou o anúncio é uma atividade inerente a toda Igreja. Ela se constitui na dimensão querigmática que se dá por etapas: o anúncio, o testemunho e a adesão a fé. A missão consiste na comunicação do anúncio, que acontece pela evangelização.

Entretanto, as grandes transformações culturais e estruturais da sociedade geram novos desafios para a evangelização e criam ao mesmo tempo novos espaços que ainda não foram totalmente alcançados pela atividade missionária. Miranda (2009) diz que, se a Igreja não dialogar com a sociedade para se atualizar em sua missão e em suas estruturas, como foi anunciado por João XXIII, deixa de ser significativa para a contemporaneidade. Diante de muitas urgências que clamam da parte da Igreja uma resposta satisfatória, corre-se o perigo de comprometer a ação missionária através de soluções imediatas por parte de vários segmentos eclesiais quando negligenciam a etapa de preparação dos fieis ou faz de modo superficial. Para evangelizar é preciso que o fiel tenha passado pelo processo da formação básica cristã, conheça as Escrituras, a Tradição da Igreja e sempre se mantenha atualizado através do estudo contínuo. Não podemos cair no desespero e "transformar" todos num agente da missão. São os evangelizados que evangelizam, são os que tiveram seu encontro com Cristo que dão testemunho Dele ao mundo. O estudo do querígma é importante nesse processo para a evangelização porque nos esclarece sobre a necessidade do encontro com Cristo e do porquê de "dar razão de nossa fé" (Cf. 1Pd 3,15).

O Concílio Vaticano II define a missão da Igreja da seguinte forma:

> Chamam-se comumente 'missões' as iniciativas especiais dos arautos do Evangelho que, enviados pela Igreja, vão pelo mundo todo, realizando o múnus de pregar o Evangelho e de fundar a própria Igreja entre os povos ou sociedades que ainda não creem em Cristo. São realizadas pela atividade missionária e em geral exercidas em certos territórios reconhecidos pela Santa Sé. O

> fim próprio dessa atividade missionária é a evangelização e a fundação da Igreja nos povos ou sociedades onde ainda não está radicada. Deste modo, da semente que é a palavra de Deus, por todo o mundo surgem as Igrejas particulares autóctones, devidamente organizadas, enriquecidas também de forças próprias e de maturidade. Dotadas de suficiente hierarquia própria, unida ao povo fiel, e de meios aptos para uma vivência plenamente cristã, as novas Igrejas colaboram para o bem de toda a Igreja. O principal meio dessa fundação é a pregação do Evangelho de Jesus Cristo (AD GENTES, nº 6).

Partindo da relevância da atividade missionária, o Concílio Vaticano II através do Decreto *Ad Gentes* nº 7 assim se expressa sobre a necessidade das missões: "O motivo dessa atividade missionária está na vontade de Deus, que quer que todos os homens sejam salvos e venham ao conhecimento da verdade". E a Constituição Dogmática *Lumem Gentium* nº 14 diz que cabe à Igreja o dever e também o direito sagrado de evangelizar. Por isso a atividade missionária hoje, como sempre, conserva íntegra sua força e necessidade.

Quando abordamos o tema da missão como evangelização nos referimos não apenas a uma correlação de conceitos, mas adentramos na complexidade do pensamento teológico sobre a mensagem essencial do cristianismo apresentada no horizonte pluricultural contemporâneo. Essa temática é exigente, porque, de acordo com Richard Friedli:

> [...] o conceito de "missão" acha-se na terminologia teológica largamente envolvido de confusão intelectual e insegurança emocional. Missão como empreendimento que, por causa da palavra de Deus, se faz em determinada parte não católica do mundo" (compreensão geográfica, extrínseca e confessionalista da missão) sujeita-se à crítica por diversas razões (EICHER,1993,p.559).

Estas razões parte da investigação teológica sobre o que se entendia e pretendia por missão ou evangelização, a partir dos séculos XVI e XVII, quando da fundação, em 1622, da "*Sacra Congregatio de Propaganda Fide*", órgão oficial da Igreja Católica, responsável pela atividade missionária e do que entendemos hoje como evangelização. Diante das grandes transformações culturais que marcaram o mundo e que atualmente refletem nas novas mentalidades é preciso pensar a missão da Igreja para além de uma compreensão unilateral, pois não é a Igreja que define a missão, mas é a missão que define a Igreja.

Tendo em vista esta realidade, nos propomos neste trabalho aprofundar o tema "O querigma[1] lucano"[2] objetivando uma melhor compreensão sobre a evangelização. O eixo norteador desta reflexão é a teologia do Evangelista Lucas que nos conduzirá a uma compreensão o querígma e suas características. Por isso, adentraremos na estrutura do pensamento lucano refletindo sobre a influência de Paulo sobre Lucas, a sua intencionalidade histórica, sobre a metodologia utilizada pelo evangelista para elaborar sua narrativa, sua formulação teológica: história da salvação e cristologia chegando ao estudo do querígma e seus desdobramentos.

Pe. Bartolomeu.

---

[1] Querigma, palavra da língua grega (*Κηρυγμα*), que significa proclamação pelo arauto, anúncio, ordem, proclamação do vencedor, recompensa proclamada pelo arauto, pregação do evangelho (PEREIRA, 1990, p. 320). Esta palavra já faz parte do vocabulário da Língua Portuguesa (Cf: SACCONI, 2010,p.1712).

[2] Os testemunhos mais antigos que atribuem a Lucas a autoria do Evangelho e Atos são: o cânon Muratoriano, datado entre 170 e 180; Irineu, no seu Livro *Adversus haereses*, do fim do século II; um antigo manuscrito chamado Prólogo ao Evangelho, de data ainda discutida; Tertuliano, na obra contra Marcião, dos anos 207-208 da era cristã (FITZMYER,1986,.p.71-81).

O QUERIGMA NA TEOLOGIA LUCANA

1 – Lucas o Teólogo

É importante conhecermos a identidade daquele em cuja teologia este trabalhado está situado e que é para o mundo cristão um grande teólogo e escritor do Novo Testamento; refiro-me ao evangelista Lucas. Sobre ele há algumas considerações nas escrituras do Novo Testamento. Ele é considerado um médico na carta de S. Paulo aos colossenses (Cf. Cl 4,14); companheiro de missão de Paulo em suas viagens apostólicas (Cf. Fm 1,24; 2Tm 4,11). Porém, entre os estudiosos há diferentes opiniões acerca de sua identidade. Uns afirmam que Lucas é de origem pagão-cristã; outros, que ele é de origem judaico-cristã. Entretanto, Fitzmayer aponta algumas importantes características a este respeito:

> [...] ele não é testemunha ocular do ministério público de Jesus, uma vez que afirma depender de fontes seguras e dignas da fé (Lc 1,2); é um bom escritor conhecedor das técnicas literárias helenísticas e pessoa culta; é provavelmente um cristão convertido do paganismo, originário de Antioquia, e viveu fora da Palestina. Lucas não conheceu Jesus pessoalmente, mas ficou entusiasmado e fascinado pelo Cristo ressuscitado que movia Paulo e as primeiras comunidades cristãs, descritas no livro dos Atos dos Apóstolos (FITZMYER, 1986, p. 81).

O querigma, tem a sua relevância por constituir o núcleo central do cristianismo e ter sido, por diferentes modos, trabalhado pela Teologia do Novo-Testamento[3], especialmente nos evangelhos que são composições que pertencem ao gênero literário histórico-querigmático, alicerçados na história que proclamam aos homens de todos os tempos o mistério da salvação realizado por Jesus na cruz, convidando os leitores a fazer uma opção pessoal a seu respeito.

A teologia moderna, segundo CERFAUX (2012, p.139), "fez entrar na moda o substantivo κηρυγμα pelo qual ela pretende designar o que se refere à

[3] A terminologia "Antigo/Novo Testamento" tem sua origem no binômio "antiga/nova aliança" de Jr 31, 31-33 (testamento=aliança), que Hb 8,7-13 aplica à relação entre o culto de Israel e a salvação por Cristo. Na realidade, da parte de Deus, o testamento-aliança é irrevogável (Rm 11,19), mas visto que o povo a rompeu (Cf. Jr 31, 32), a interpretação cristã vê sua restauração na vivência nova fundada em Jesus Cristo. Neste sentido, exprime-se 1Jo 2, 7-8: "o mandamento" para o cristão é o antigo, o de sempre, mas ele é ao mesmo tempo novo, como se verifica em Cristo e nos fiéis. Quanto ao termo "Nova Aliança" (Cf. Hb 12, 24; Lc 22,20; 1Cor 11, 25; 2 Cor 3, 6; Hb 8, 8; 9,15) (KONINGS,2014, p. 12).

mensagem cristã". Esta palavra de origem grega, presente nas narrativas das sagradas Escrituras, derivada do substantivo *κερψξ*[4], do qual também se formulou a palavra *κηρυσσω* cujo significado quer dizer "anunciar", se correlacionam entre anúncio, proclamação e mensagem, conteúdo. Tais palavras, foram utilizadas pelo cristianismo para expressar o essencial da mensagem cristã que a Igreja proclama ao mundo: *"Assim está escrito que o Cristo deveria sofrer e ressuscitar dos mortos ao terceiro dia, e que em seu Nome, fosse proclamado o arrependimento para a remissão dos pecados a todas as nações"* (Lc 24,46-47). Esta verdade de fé, se constitui no conteúdo essencial do cristianismo que a Igreja entende por querigma, e a partir deste conteúdo, a Igreja evangeliza. Aprofundaremos neste estudo as terminologias correlacionadas a este aspecto conceitual.

Lucas em seu escrito neo-testamentário aborda a dimensão querigmática, pois o próprio termo querigma em sentido amplo pode designar a totalidade da obra de Lucas quanto proclamação. Devido à própria complexidade do termo, não podemos determinar o significado concreto do querigma na obra lucana só com base em um estudo de vocabulário. De acordo com Fitzmyer (1986), para estudar o querigma na obra lucana é preciso distinguir entre o ato de proclamação e o conteúdo proclamado. Os dois aspectos são realidade da mesma obra, e ambos comprometem o próprio Jesus, os discípulos e o autor. Entretanto, a respeito da composição do Evangelho de Lucas são apresentadas três fontes fundamentais "o Evangelho de Marcos, a fonte "Q"[5] e uma terceira fonte, que

---

[4] Segundo o Dicionário de Teologia do Novo Testamento, p. 739, as palavras κηρυσσω "anunciar" e κηρυγμα "proclamar", derivam da raiz *κηρυξ*, "arauto".

[5] "Q": esta letra é uma abreviatura da palavra de origem alemã "*Quelle*" que significa fonte. Também conhecido por documento "Q". Corresponde a um material possivelmente utilizado na redação do Evangelho segundo Mateus e segundo Lucas. A maioria dos exegetas estão de acordo que Mateus e Lucas, para redigir seus escritos, utilizaram o Evangelho segundo Marcos e esta fonte "Q" na qual está contido o registro das palavras e sermões de Jesus. Fitzmyer atesta sobre a fonte "Q" que ela representa unicamente diversos estratos de tradição que existiam em forma oral, catequética ou litúrgica. (FITZMYER, 1986. p. 143). Hurtado, assim se expressa sobre esta referida fonte: "Durante as duas últimas décadas, vários estudiosos propuseram que uma coleção de ditos de Jesus, geralmente considerada como tendo sido utilizada pelos autores de Mateus e Lucas, e geralmente referida como "Q", representa um tipo muito antigo de seguidores de Jesus no primeiro século [...] que tinha uma visão dele que era muito diferente daquela mais familiar nos escritos do Novo Testamento" (HURTADO, 2012, p. 293).

não é necessariamente um documento escrito que se chama "L"[6]. Estas fontes dão a ele mais possibilidades de contextualizar o evento Cristo num tempo e numa história determinada e ao alcance de todos, especialmente aos gentios e aos de sua cultura helenista. Podemos perceber isto através dos discursos de Pedro conforme consta nos textos dos Atos dos Apóstolos (At. 2,14-39; 3,12-26; 4,8-12; 5,29-32; 10,34-43) e nas cartas de Paulo. Encontramos na narração lucana elementos que devem ser considerados como querigmáticos, por exemplo: das palavras do Ressuscitado, na noite da páscoa, Lucas colheu o essencial da mensagem cristã: Paixão e Ressurreição de Cristo anunciadas nas Escrituras: Lc 24, 46. At 2,22-36; 3,12-16; 4,8-12; 13,16-41; 26,22-23. Conversão para o perdão dos pecados: Lc 24,47. At 2,38; 3,19; 5,31; 10,43; 13,38-89; 26,18. Os apóstolos como testemunhas da missão: Lc 24, 48. At 1,22; 3,15; 5,32; 10,41; 13,31; 22,15; 26,16. O Espírito é doado às testemunhas para cumprirem esta missão: Lc 24,49. At 1, 4-5; 2,33.

A obra lucana é uma unidade que compreende duas partes, o Evangelho e o Livro dos Atos dos Apóstolos. Nesta unidade, de acordo com Casalegno (2015), estão apresentadas três dimensões básicas de sua obra: primeira, a Salvação em Jesus Cristo; segunda, a missão; e terceira, o Plano de Deus. Nosso objetivo não é aprofundar estas dimensões básicas, mas utilizá-las para aprofundar o propósito de estudo que consiste na dimensão querigmática na Obra de Lucas, a qual abriu novas perspectivas para a teologia do Novo Testamento quando referencia a salvação aos pobres (Lc 4,18; 6,20), aos pecadores (Lc 5, 31-32), às mulheres (Lc 7, 12-15; 8, 2-3; 10, 38-42); quando alertava sobre a oração (Lc 11, 1-13), a caridade fraterna (Lc 6, 27-45), a renúncia (Lc 5,10-11.27) e quando chamava a atenção para a intervenção de Deus na história com o seu "hoje" (Lc 2, 11; 3, 22; 4, 21; At 13, 33).

---

[6] "L" significa fonte(s) própria(s) de Lucas. As passagens exclusivas de Lucas que não encontram paralelos nos demais sinóticos (Marcos e Mateus) provêm desta fonte. A respeito da fonte "L", Fitzmyer introduz uma discussão quanto ao material desta fonte, se escrito ou oral. Entretanto, o mesmo esclarece tais questões: "[...] é preciso entender esta fonte em um sentido amplo, como documento escrito ou como tradição oral. Portanto, não se pode comparar esta fonte as fontes fundamentais de "MC" e " Q". (FITZMYER, 1986, p. 147-148).

Essas temáticas demonstram a preocupação da comunidade primitiva em expandir sua mensagem para as diversas realidades da sociedade e ao mesmo tempo nos faz perceber as tentativas de inculturação do cristianismo que ultrapassou as fronteiras do mundo judaico e se encontrou com a filosofia do mundo helenístico. Sendo uma pessoa de grande erudição, conhecendo o estilo da historiografia grega, Lucas aplica os métodos historiográficos na elaboração de suas narrações e soma a estas uma forma de linguagem própria, que os estudiosos chamam de fonte "L", proveniente das pesquisas na geografia, na história, nas escrituras e nas fontes. Podemos constatar, através dos novos estudos de pesquisa sobre Lucas, que "[...] falamos do autor como de um personagem conhecido: um cristão da segunda geração, um escritor empenhado que sabe escrever com dignidade e clareza em grego, um cristão atento e sensível à tradição e aos problemas de sua Igreja" (FABRIS; MAGGIONI, 1992, p. 20). Esta diferença faz perceber não só o Lucas historiador, mas também o teólogo pesquisador, um cristão que se permitiu seduzir pela mensagem do Filho de Deus, pois assim diz Fabris e Maggioni (ibidem): "Este material foi elaborado com a autonomia e liberdade que caracterizam o método lucano, e segundo um projeto teológico bem preciso". O caráter expansionista, a busca por universalização da mensagem, sua perspectiva inclusiva, o rigor metodológico, a utilização da historiografia helenista e a sistematização dos textos fez da literatura lucana um cobiçado objeto de estudo a inspirar várias perspectivas na teologia bíblica.

Dentre alguns estudiosos que analisaram a obra lucana, podemos citar alguns exegetas católicos: Augustin George (1982), Bruno Maggioni (2006), Carrol Stuhlmueller (2010); Curtis Mitch (2015), Daniel Marguerat (2003), Donald Senior (2010), Joseph A. Fitzmyer (1986), Josef Schmid (1968), Otto Betz (1968), Raymond E. Brown (2012); Rinaldo Fabris (2006), Scott Hahn (2015). N o Brasil, encontramos alguns pesquisadores: Alberto Casalengo (2005; 2003), Gilvander Luis Moreira (2004) e Lina Boff (1996).

A partir da perspectiva da teologia lucana é relevante considerar o aspecto cultural no processo da proclamação da mensagem de Jesus Cristo. Atenta a este aspecto, a Igreja percebe que a diversidade cultural é um campo fértil para a evangelização. Em 1985, comemorando os vinte anos do Concílio Vaticano II, o Papa João Paulo II convocou o sínodo extraordinário dos bispos, e neste, o tema da inculturação[7] foi refletido como necessidade da própria Igreja como consta na declaração do referido sínodo no que diz respeito a inculturação:

> Como a Igreja é uma comunhão que está presente no mundo inteiro e junta diversidade e unidade, ela assume tudo que encontra de positivo em todas as culturas. Mas a inculturação é diferente de uma mera adaptação externa, na medida em que significa uma transformação interior de valores culturais autênticos mediante sua integração no cristianismo e o arraigamento do cristianismo em varias culturas humanas (CHUPUNGCO, 2008, p.26).

Esta tarefa está acontecendo no horizonte cultural específico, como diz o próprio Lucas, no "hoje" da história. Partindo da constatação dos desafios que a Igreja enfrenta nesta sociedade globalizada e multicultural, a mesma não poderá dispensar a mediação de uma cultura global mesmo que caracterizada pela ambiguidade. É justamente neste contexto que a comunidade eclesial deve apresentar a mensagem essencial do cristianismo. Para isto, é preciso retomar e aperfeiçoar métodos e redescobrir caminhos que já foram apresentados por teólogos e pastoralistas que estão contidos no magistério eclesiástico

1.1 A influência da Teologia Paulina sobre Lucas

A relação de amizade e colaboração entre Paulo e Lucas é algo já atestado pelos escritos neotestamentários[8]. Lucas na segunda parte de sua obra[9], teve o

---

[7] A inculturação, compreendida como um processo bem mais intenso, pelo qual elementos litúrgicos cristãos inserem-se de tal modo nas bases estruturais de uma determinada cultura, a ponto destes elementos passarem a normalmente a ser expressos no culto através dos pensamentos, linguagem e modelos rituais próprios desta cultura. O emprego do termo inculturação, aplicado ao processo de adaptação da liturgia ao gênero dos vários povos e culturas, é bastante recente. Porém, a realidade da inculturação da liturgia é desde a origem da Igreja (Cf.: MELO, 1997, p. 299-325).

[8] Cf.: Fm 2,4; Cl 4,14; 2Tm 4,11.

[9] Sobre as informações que Lucas nos dá a respeito de Paulo no livro dos Atos dos Apóstolos, Raymond Brown sintetiza três opiniões a respeito destas informações: "Existem três opiniões de como relacionar essas fontes: a) Confiança total em Atos. As vidas tradicionais de Paulo são fortemente guiadas por Atos, encaixando e adaptando informações das cartas num esquema tirado de Atos. b) Grande desconfiança de Atos. Como reação e como parte do ceticismo acerca do valor histórico de Atos, o que este livro conta sobre Paulo tem sido questionado. Com efeito, alguns estudiosos têm reconstruído a carreira de Paulo deixando inteira ou amplamente de lado as informações de Atos, ou corrigindo-as de

cuidado de apresentar aos seus leitores um perfil de Paulo, através do grande acontecimento de Damasco que marcou decididamente a vida de Saulo e ainda, alguns registros sobre a vida deste Apóstolo. É, sobretudo, em Atos dos Apóstolos que encontramos os célebres discursos querigmáticos de Paulo que fundamenta toda sua teologia; encontramos os relatos de suas viagens[10], as tensões entre os judeus, suas prisões e seu incansável zelo pelo Evangelho. Bornkamm (1992) ao se referir aos Atos dos Apóstolos, considera que mais da metade deste livro se ocupa especificamente da atuação e do destino de Paulo.

Através destes relatos percebemos que Lucas formulou sua teologia acerca de Jesus a partir dos fundamentos da fé que recebera de Paulo. Mesmo que estudiosos tendem a fazer comparações discrepantes entre os escritos paulinos e lucanos, o objetivo de Lucas não consiste em desconstruir ou desviar os ensinamentos que recebera de Paulo mas, apresentar o conteúdo da fé em novas configurações. Lucas tem seu próprio método conforme apresentou no prólogo do Evangelho.

De acordo com Comblin, "está bem claro que o segundo tomo de Lucas merece melhor o título de Atos de Paulo, pois ele é em todas as partes uma apologia de Paulo" (COMBLIN, 1993,p.158). Marguerat (2003, p. 51) quando aborda a relação entre Lucas e os apóstolos de Jesus, diz que "ele foi o primeiro a ligar Jesus a Paulo na mesma tradição". Em sua narrativa, Lucas faz um paralelo especialmente na segunda parte de sua obra entre a paixão de Jesus e a paixão de Paulo. Do capítulo vinte ao vinte e oito dos Atos dos Apóstolos, todos se referem a Paixão de Paulo, que pode ser comparada à paixão de Jesus a partir do capítulo dezenove do evangelho de Lucas. Alguns elementos merecem destaque, por

forma drástica, elevando a contradições as diferenças entre Atos e as cartas (p.ex. Becker, Knox, Jewett, Lüdemann). c) Uma posição intermediária usa as cartas de Paulo como fonte primária e suplementa-as cautelosamente com Atos, sem apressar-se em declarar contraditórias as diferenças aparentes. (BROWN, 2014,p. 565-566).

[10] Sobre este aspecto das viagens de Paulo, Raymond Brown esclarece que "uma das objeções principais ao uso de Atos como guia para a vida de Paulo é que, em suas cartas, Paulo não demonstra nenhuma consciência das viagens missionárias numeradas (três). Argumenta-se que se alguém perguntasse ao Paulo das cartas "Em que viagem missionária você se acha agora? Ele não saberia do que se tratava. Em certa medida, porém, pode-se dizer o mesmo sobre o Paulo de Atos, que jamais discerne explicitamente três viagens missionárias. [...] As três viagens são apenas uma classificação apropriada, desenvolvida por estudiosos de Atos. (BROWN, 2014,p. 576).

exemplo, enquanto o processo de Jesus terminou por uma condenação à morte e uma execução, Paulo não foi condenado, mas enviado à Roma, para ser julgado como um cidadão Romano. Outro destaque é que no evangelho, Lucas narra a paixão de Jesus culminando na narração das aparições do Ressuscitado e o anúncio público do Ressuscitado aos apóstolos. O livro dos Atos não se refere a morte de Paulo, mas Lucas demonstra o sucesso do acontecimento como se tudo o que ocorreu em Jerusalém, fosse um equivalente da paixão, e o que aconteceu em seguida, um equivalente da ressurreição. Daniel Marguerat (2003) ao falar dos apóstolos como verdadeiras testemunhas, diz que em Lucas fica claro que estes são apenas testemunhas, mas, não atores do drama da salvação, por isso, não relata sua morte. De acordo com Comblin, Lucas não queria narrar o martírio de Paulo, mas o triunfo de seu evangelho apesar de perseguido. Lucas sabia muito bem que Paulo morrera mártir em Roma. Mas para ele o que valia era a plena liberdade de sua palavra que anunciava o evangelho sem que nada pudesse impedi-lo.

Ainda de acordo com Comblin (1993), Lucas assumiu a tarefa de defender e glorificar o apóstolo Paulo, pois pertencia a uma Igreja de tradição paulina e queria justificar o apóstolo diante de seus detratores. Comblin considera o livro dos Atos dos Apóstolos "uma apologia a Paulo", sendo que a primeira parte tem por finalidade mostrar que Paulo seguiu os passos de Pedro e que a sua missão deriva por intermédio dos helenistas da própria comunidade de Jerusalém, Paulo é colocado como continuador da Igreja de Jerusalém.

Comparando as informações sobre Paulo trazidas por Lucas em sua obra com as do corpus paulino que contém elementos substanciais sobre o Apóstolo, percebe-se que Lucas parece criar um perfil de Paulo a partir de sua predileção pelo apóstolo. Analisando essas diferenças, Bornkamm em seus estudos chega a dizer que "na comparação entre os Atos dos Apóstolos e as Epístolas autênticas de Paulo, tem-se a impressão de se estar diante de um rio que, em seu percurso, se desfez de muito material e recebeu a contribuição de novas fontes" (BORNKAMM, 1992,p.16). Podemos fazer uma simples demonstração, por exemplo, quando Lucas fala sobre as viagens missionárias. De acordo com

Lucas, Paulo se dirige primeiro ao povo judeu e só depois aos gentios, diferente do que encontramos em Gl 2, 7-8 " Pelo contrário, vendo que a mim fora confiado o evangelho dos incircuncisos como a Pedro o dos circuncisos, pois aquele que operava em Pedro para a missão dos circuncisos, operou também em mim em favor dos gentios". Há vários aspectos do perfil de Paulo criado por Lucas que diverge do corpus paulino, apresentando uma visão deficiente sobre o mesmo, carecendo ao leitor buscar na literatura propriamente paulina as informações acerca do Apóstolo[11]. Entretanto, essas mesmas diferenças nos faz perceber a intensão de Lucas para introduzir Paulo na Igreja, e ao mesmo tempo revela a influência que Paulo exerceu sobre Lucas e a predileção de Lucas por Paulo.

1.2 O acontecimento Cristo como fenômeno histórico[12]

Para compreender a mensagem de Jesus, precisamos situá-lo no tempo e no espaço em que viveu e atuou. Compreender sua relação com a sociedade da época, ou seja, a sociedade judaica daquele tempo. Para isto, é imprescindível investigar os evangelhos, precisamente os sinóticos e outros escritos do Novo Testamento que nos ajudarão a compreender a relação de Jesus com a história de seu tempo, onde o universo conceitual e simbólico, de um lado e, os modos de expressão, de outro, eram muito diferentes dos nossos. Este item não tem como objetivo investigar as dimensões do Jesus histórico, mas o objetivo é mostrar a perspectiva histórica da narrativa lucana em situar Jesus com os fatos e acontecimentos de sua época.

Partiremos do próprio conceito dado aos escritos sobre a mensagem do Nazareno, ou seja, do termo "evangelho". Como sabemos, nos sinóticos, é

[11] "Lucas descreve Paulo, mesmo após se ter feito cristão e missionário, com todo relevo como um fariseu convicto que permaneceu fiel à Lei dos patriarcas e à doutrina da ressurreição dos mortos, agora confirmada pela Ressurreição de Jesus. [...] Os judeus, ao invés, junto com a rejeição de Jesus, traíram igualmente suas mais sagradas tradições. Bem diferente é, pelo contrário, o verdadeiro Paulo, o qual, confirme se depreende especialmente da Epístola aos Filipenses 3,5s, abandonou o seu zelo fariseu. (BORNKAMM, 1992,p.18-19).

[12] A expressão "Acontecimento Cristo" não é mais que uma fórmula convencional para fazer referência a todo o conjunto de fenômenos que configuram a existência de Jesus e lhe conferem seu peculiar impacto sobre a história da humanidade: seu ministério público, sua paixão, sua morte e sepultura, sua ressurreição, ascensão e exaltação. (FITZMYER, 1986,p.329).

Marcos que atribui o termo "evangelho" aos seus escritos. Lucas, diferentemente, atribui aos seus escritos o termo "relato". Encontramos tal termo no início do prólogo do evangelho: Lc 1, 1-3; e no início do livro dos Atos dos Apóstolos: "Fiz meu primeiro relato, ó Teófilo, a respeito de todas as coisas que Jesus fez e ensinou desde o início" (Cf. At 1,1). A princípio, essa diferença poderia soar como uma discordância de Marcos, mas quando Lucas utiliza o termo "relato" para designar todo o conjunto de sua obra, na verdade ele define toda sua composição como autentico relato e o descreve com a terminologia normalmente usada por literários e historiadores helenistas. O motivo que Lucas não utiliza o termo evangelho para designar sua obra, não o sabemos, o que se pode fazer nesse sentido são deduções ou conjecturas. Fitzmyer, sobre esta questão, diz que "Lucas não só dá ao seu relato uma dimensão literária, senão que ao mesmo tempo, suscita a atenção do leitor para que possa captar as implicações históricas da sua narração" (FITZMYER, 1986,p290).

Como podemos ver, dentre os evangelistas, Lucas destaca-se pelo seu interesse histórico. Para Fitzmyer (1986,p292) Lucas tem uma consciência perfeitamente clara de que o nascimento, ministério público, morte e ressurreição de Jesus, fez surgir uma nova era na história da humanidade. Essa dimensão querigmática e ao mesmo tempo escatológica, embora com acentos diferentes de Mateus e Marcos, pois Lucas contextualiza seus relatos, bem mais do que estes, demonstra que na teologia lucana coexistem em perfeita harmonia a dimensão querigmática e a perspectiva histórica. Para compreender essa relação entre proclamação da narração lucana da atividade de Jesus com a história universal, Fitzmyer aponta três caminhos: "por seu sincronismo com a história do império romano, por sua vinculação com a historia da palestina e por sua abertura para a historia do cristianismo" (FITZMYER, 1986,p.292).

1.2.1 Sincronismo com a historiografia do Império Romano

Quanto ao sincronismo com a história do Império Romano, podemos encontrar na obra lucana, Evangelho-Atos, uma série de referencias em que os relatos de Lucas se sincronizam com a história do mundo greco-romano. Dentre estes, podemos destacar o anúncio do nascimento de Jesus e, ao mesmo tempo, a citação do decreto do imperador Augusto ordenando o senso do mundo romano:

> Naqueles dias, apareceu um edito de César Augusto, ordenando o recenseamento de todo o mundo habitado. Esse recenseamento foi o primeiro enquanto Quirino era governador da Síria. E todos iam se alistar, cada um na própria cidade. Também José subiu da cidade de Nazaré, na Galiléa, para a Judéia, à cidade de Davi, chamada Belém, por ser da cada e da família de Davi, para se inscrever com Maria, sua mulher, que estava grávida. Enquanto lá estavam, completaram-se os dias para o parto, e ela deu à luz seu filho primogênito, envolveu-o com faixas e reclinou-o numa manjedoura, porque não havia um lugar para eles na sala (Cf. Lc 2,1-7).

Sobre esta passagem, na nota explicativa da Bíblia de Jerusalém consta que um recenseamento de todo o império feito por Cézar Augusto é desconhecido em outros lugares. O recenseamento que aconteceu quando Quirino era legado da Síria se referia somente à Judeia. Sem dúvida Lucas transpõe uma questão local à escala mundial, podemos ver isso em At 11, 28. O historiador Flávio Josefo data o recenseamento sob Quirino em 6 d.C. O fato é que o reino judeu foi transformado em província romana. Por ocasião da criação de uma província, o poder imperial realizava o recenseamento dos bens. Quanto a cronologia do nascimento de Jesus, a fornecida por Lucas não corresponde com a de Mateus, na qual Jesus nasceu antes da morte do rei Herodes Magno. Com efeito o recenseamento sob Quirino lhe deu mais prestígio, pois promoveu a reorganização do país como província depois da deposição do etnarca Arquelau como registra Josefo:

> Quirino, membro do Senado, ocupava todas as magistraturas [de uma carreira senatorial] e, com isso, chegou até o consulado; gozava, sob todos os aspectos, de grande consideração, coisa que só acontece com poucos homens. Ele chegou à Síria, enviado por Cézar Augusto para ser o legado dessa província e fazer o recenseamento das fortunas aí existentes com vistas à cobrança do imposto (JOSEFO,2009 p65)

Historicamente, este fato acarretou também na revolta de Judas Galileu, que Lucas menciona em At. 5,37: "Depois dele veio Judas, o Galileu, na época do recenseamento, atraindo o povo atrás de si. Pereceu ele também, e todos os que lhe obedeciam foram dispersos". Portanto, para Fitzmyer (1986,p.293) a sincronização com este fato da história é evidente que Lucas desejava situar o nascimento do fundador do cristianismo em um determinado momento histórico da Roma imperial com o que se enquadra dentro da história romana. Do ponto de vista teológico de Lucas, era muito importante que Jesus nascera no tempo de Augusto, quando o mundo gozava da *Pax Augusta*.

Outros aspectos do sincronismo com a história romana em Lc 3,1-6, consta a preparação da atividade pública de Jesus.

> No ano décimo quinto do império de Tibério César, quando Pôncio Pilatos era governador da Judéia, Herodes tetrarca da Galileia, seu irmão Filipe tetrarca da Ituréia e da Traconítide, Lisânias tetrarca de Abilene, sob o pontificado de Anás e Caifás, a palavra de Deus foi dirigida a João, filho de Zacarias, no deserto (Lc. 3, 1-2)

Quanto a esta passagem, Lucas determina por meio desses dados o caráter temporal, segundo o uso da historiografia grega profana, o acontecimento da apresentação do Batista.

> O objetivo deste sincronismo seis vezes não é determinar o mais axacta quanto possível, o momento do início do tempo de redenção e que seria suficiente apenas com os dados do ano 15 do reinado de Tibério, mas a breve descrição da situação política na Palestina. A coisa mais importante, e a única precisa entre os seis, oferece primier Lucas, o 15° ano do imperador romano Tibério, o governante do mundo, em seguida, sob cujo domínio também foi Palestina (SCHMID,1968,p.133)[13]

Schmid esclarece que esta citação lucana deve ser lida em pararelo com o texto de Marcos que não traz essas informações históricas para que o leitor possa compreender o caráter da dimensão histórica do relato lucano e sua sincronia com a história romana.

Na segunda parte da obra lucana encontramos outras referências com a historiografia romana. No livro dos Atos 11, 27-29, Lucas narra o episódio da fome que veio sobre a Judeia e a campanha que os discípulos realizaram para

[13] Tradução livre do autor, do original: "El objeto de este séxtuple sincronismo no es determinar de la manera más axacta posible el momento del comienzo de la época de la redención ya que para ello hubiera bastado sólo con el dato del ano 15 del imperio de Tiberio, sino la breve descripción de la situación política en Palestina. El dato más importante, y también el único exacto entre los seis, lo ofrece Lucas en primier lugar, el ano 15 del emperador romano Tiberio, el soberano del mundo de entonces, bajo cuyo domíniio estaba también Palestina(SCHMID,1968,p.133).

socorrer os necessitados. O historiador romano Flávio Josefo situa este acontecimento no tempo do procurador Tibério Alexandre e narra o fato da visita da rainha Helena, que seguia os princípios judaicos, à cidade de Jerusalém, cuja vinda trouxe auxílio à população: "A rainha enviou os que a acompanhavam uns para Alexandria, a fim de comprar trigo [...] outros para Chipre com a finalidade de trazer um carregamento de figos secos[...] Helena distribuiu esse alimento aos indigentes" (JOSEFO,2009 p.43). Outras passagens, como o encontro de Paulo com Átilas e Priscila em At 18,2, por ocasião do decreto do imperador Cláudio que pedia que os judeus se afastassem de Roma e em At 18,12quando Paulo foi levado aos tribunais romanos. Diante destes sincronismos históricos, Fitzmyer (1986,p294) afirma que Lucas apresenta o acontecimento Cristo e sua continuidade com a Igreja nascente como um fenômeno enraizado na história romana do século I de nossa era.

1.2.2 Sincronismo com a história da Palestina[14]

O evangelista Lucas inseriu em seus relatos alguns elementos sócio-políticos da história da palestina, correlacionando-os com a história de João Batista e de Jesus. Esse sincronismo dos fatos é intencional e ao mesmo tempo situa o evento Cristo na geografia, na política e nos acontecimentos de sua época. Investigaremos alguns pontos considerados essenciais.

Partindo de algumas diferenças entre as narrativas de Mateus e Lucas, quanto a narrativa do nascimento de Jesus e de João Batista, percebemos a intenção da narrativa lucana quanto a sincronização com a história da Palestina. Em Mateus 2,1.15.19, o nascimento de Jesus aconteceu no tempo do rei Herodes, o Grande. Quando Jesus nasceu, reinava na Palestina, Herodes I, o grande, rei

[14] Por Palestina, compreende a denominação da Síria, dada à região situada entre a cadeia do Tauro ao N. e o deserto do Sinai ao S., o Mediterrâneo a O. e o deserto a E., remonta aos navegadores e mercadores gregos do século V a.C. Esses territórios foram subdivididos em Síria Superior, a planície que se estende do Mediterrâneo às montanhas Zagros; Celessíria, a "Síria encovada" a região do Líbano e do Antilíbano, Síria Palestina, a região S. do Líbano e do monte Hermon. Desde o século II a. C., o título oficial da província romana dessa região era Síria Palestina. O nome Palestina sozinho (o adjetivo usado como substantivo) aparece e Heródoto, Filon e Josefo. Palestina é a forma grecizada da palavra hebraica traduzida em português Filisteia (MCKENZIE,2015,p.626).

vassalo do imperador romano. Com a morte de Herodes, (IV a.C), de acordo com CAMACHO e MATEUS (2011, p.9) o reino foi dividido entre seus três filhos com o consentimento do imperador Augusto que, no entanto, deixando de dar atenção ao testamento de Herodes não outorgou o título de rei a nenhum dos três. No evangelho de Lucas 1,5 diz que o nascimento de João Batista teve lugar em tempos do rei Herodes. Entretanto, levando em consideração o nascimento de Jesus, Lucas narra, seis meses após, o nascimento de João Batista (Cf, Lc 2,1-6). A data que consta em Lc 1,5 que se refere a Herodes, o grande, proporciona um sincronismo lógico. A intenção de Lucas é apresentar o nascimento de João e de Jesus em um período determinado da história política da Palestina[15].

Outro dado interessante está contido na narrativa da Paixão. A cena referida é a presença de Jesus diante de Pilatos, conforme está descrito em Mt 27,2, (Mateus atribui a Pilatos o título de governador da Judeia) Mc 15,1 e Lc 23. Porém, em Lc 3,1, o evangelista não só atribui a Pilatos o título de governador, mas também, apresenta o início do ministério de João Batista no deserto associado ao período em que Pôncio Pilatos era governador da Judeia. Quanto a paixão de Jesus, o diferencial de Lc 23 está nos versículos 6-7: "A essas palavras, Pilatos perguntou se ele era galileu. E certificando-se de que pertencia à jurisdição de Herodes, transferiu-o a Herodes que, naqueles dias, também se encontrava em Jerusalém" (Lc 23,6-7).O elemento novo é o fato de Jesus ter sido levado à presença de Herodes Antipas, filho de Herodes, o grande, e tetrarca da Galileia. Esse detalhe foi omitido pelos demais evangelistas. Tal elemento está em conexão com Lc 13,1 "Nesse momento vieram algumas pessoas e lhe contaram o que acontecera com os galileus, cujo sangue Pilatos havia misturado com o das suas vítimas". Estas narrativas corresponde a um sincronismo explícito da paixão de Jesus com a história da Palestina.

[15] Sobre estes relatos, Schmid esclarece que "Os dados temporários que Lucas inicia a história, liga a história sagrada com a história profana. O Herodes que está referido no nascimento de Joao é Herodes, o Grande, entronizado no ano 40 por Marco Antonio e morto no ano IV a.C. A situação deve representá-lo, portanto, em uma data no início deste ano, deixando indeterminado, por agora, a sua determinação temporal, exato. Judéia, a cena dos episódios que se seguem, é aqui o país judeu, designando toda a Palestina, não só a Judéia no sentido estrito, como em Lc 1,65; 2,4 e, em geral, o NT". (SCHMID,1968,p.51).

Outro dado importante entre os evangelistas é relacionar a paixão de Jesus com a época de atuação dos sacerdotes Anás e Caifaz (Cf. Mt 26,3; Jo 18,13-24; Lc 22,54). Marcos 14,53 não menciona o nome dos sacerdotes. Desses que citamos, Lucas é o único que apresenta o pontificado dos sumos sacerdotes como ponto de referência histórico para datar, em outro aspecto, a atuação do Batista, como pode ser lido em Lc 3,2 "sob o pontificado de Anás e Caifás, a palavra de Deus foi dirigida a João, filho de Zacarias, no deserto". Mesmo sabendo essa maneira de citação de Lucas que leva a entender que os sacerdotes[16] citados exerciam simultaneamente a mesma função e que na verdade não é dessa forma, nosso objetivo aqui não é fazer uma exegese do texto, mas demonstrar a intenção de Lucas em situar o ministério de João Batista e de Jesus na história da Palestina. Desses dados que foram apresentados com relação a intenção de Lucas em situar Jesus com a história da Palestina, fica em evidência o texto de Lc 3,1 devido a riqueza de informações. De acordo com Fitzmyer (1986,p.296), o conjunto das relações entre os personagens do mundo palestino, não limita a história romana representada pelo governador Poncio Pilatos, nem a história religiosa do judaísmo, quando se menciona os sumos sacerdotes Anás e Caifás. Mas ao incluir no relato a história política da Palestina representada por Herodes Antipas, Filipe e Lisanio, justifica-se a presença desses personagens por dar relevância ao sincronismo histórico. A condição de pregador e de arauto da boa notícia de Lucas, faz evidenciar o anúncio da mensagem, dando a primazia da dimensão querigmática sobre o puramente histórico.

Quanto à abertura para a história do Cristianismo, apenas Lucas, na metade de sua obra, escreve um relato propriamente dito sobre a atividade de Jesus, nos apresentando uma visão panorâmica da continuidade do acontecimento Cristo até a metade do primeiro século da era cristã. Em Atos,

---

[16] Schmid esclarece esta passagem de Lucas: Paralelamente a estes governantes seculares são ainda dois religiosos decorados, com o título comum a ambos de "sumo sacerdote", o que poderia concluir-se que Lucas se refere a dois sumos sacerdotes que se tinham revestido de tal dignidade no mesmo tempo. Na verdade só então Caifás que de acordo com Flávio Josefo, se chamava José Caifás, foi sumo sacerdote (cerca de 18 a 36 DC). Anás, sogro de Caifás, que também era sumo sacerdote de 6 a 15 d. JC, manteve depois de sua demissão seu título e sua grande influência, como prova disse, é o fato de que cinco dos seus filhos também foram sacerdotes. Por isso que Anás em outras passagens é tambem citado junto com Caifás (SCHMID,1968,p.135).

Lucas mostra o crescimento e propagação da Palavra de Deus no mundo mediterrâneo oriental e, com esta dinâmica, o evangelista relaciona a narração do acontecimento Cristo com o surgimento do acontecimento histórico denominado Igreja Cristã. Para compreendermos a profundidade da narrativa lucana, apresentaremos de modo específico as duas partes de sua obra: Evangelho e Atos dos Apóstolos.

2. Obra Lucana - composição histórico-querigmática da narrativa lucana: Evangelho- Atos

Estamos pesquisando a partir de uma obra literária que consideramos significativa. Os aspectos vistos até o momento instigam-nos o desejo de conhecer a identidade do autor. Por isso, antes de debruçarmos sobre a composição narrativa, trataremos de conhecer o perfil de Lucas. Porém, não se pretende aqui fazer uma biografia a respeito, mas considerar alguns traços que possam nos ajudar a conhecer o autor da obra lucana.

Ao se referir propriamente à forma do nome "Lucas", assim como está expressa nas narrativas do Novo Testamento, Fitzmyer assim se expressa:

> O Texto grego do Novo Testamento chama invariavelmente o nosso autor Loukas, que é um diminutivo, a forma hipocorística grega, de um nome latino ou talvez de diversos nomes: Loukanos (Loucanus, em latim), Loukianos (Lucianus), Loukios ou Leukios (Lucius), Loukillios (Lucilius). Por outra parte, se tem comparado com as abreviaturas de outros nomes gregos que aparecem no Novo Testamento. Por exemplo, um dos companheiros de Paulo se chama Silas em At 15,40, porém em outros testos 1Ts 1,1 aparece como Siloanos (Silvanus em latim); temos também uma abreviatura do nome grego Epaphoditos Fl 2,25; o mesmo acontece com Antipas Ap2,13, que é um diminutivo do grego Antipatros Por conseguinte, parece certo que Loukas é uma abreviatura de um diminutivo nominal (FITZMYER,1980,p. 83).[17]

---

[17] El texto griego del Nuevo Testamento llama invariablemente a nuestro autor Loukas, que es un diminutivo, o forma hipocorística griega, de um nome atino o tal vez de diversos nombres; Loukanos (Lucanus, em latin), Loukianos (Lucilius), Por otra parte, se há comparado con las abreviaturas de otros nombres griegos que aparecen en el Nuevo Testamento. Por ejemplo, a uno de los compañeros de Pablo se la llama Silas em Hch 15,40, pero en otros textos 1 Tes aparece como Silouanos (Silvanus, en latín); tenemos tambíen uma abreviatura del nombre griego Epaphoditos Flp 2,25; y lo mismo passa com Antipas (Ap 2,13), que es um diminutivo del griego Antipatros. La abreviatura del

Há vários nomes latinos que poderiam corresponder ao grego Loukas. Porém, a tradição legitimou o nome Lucas e atribuiu a este uma completa obra neotestamentária.

A. George (1982) indica dois caminhos para esta finalidade. Primeiro, considerar o estudo da obra, pois a mesma contém dados sobre quem a escreveu. Mostra que o autor é um homem culto do mundo helenístico, um artista delicado, um historiador atento aos seus personagens, a Jesus principalmente, mas também aos apóstolos, sobretudo a Paulo. Além disso, ele é um crente, um discípulo que encontrou a salvação em Jesus e que só deseja segui-lo. O livro dos Atos dos Apóstolos nos oferece um dado de maior interesse. Podemos averiguar que em At 16, 10-17; 20,5-15;21,1-18 as passagens relativas às missões de Paulo nas quais o narrador fala na primeira pessoa do plural "nós", releva que o autor participou de algumas viagens com o Apóstolo Paulo entre os anos 55 a 60 d.C. aproximadamente. O evangelho segundo Lucas é posterior a esta data, porém, não deve ter sido escrito depois dos anos 80 a 90 d.C. Esta questão, por razões teológicas são discutidas por vários autores. Mas o que se percebe é que o conjunto Lucas-Atos foi escrito por um mesmo autor.

O segundo ponto proposto por A. George é analisar os vários testemunhos exteriores a estes livros que são atribuídos a Lucas. É a esta pessoa que, um século mais tarde (cerca de 180), Ireneu atribui o terceiro Evangelho e Atos. O bispo de Lião pode ter trazido esses dados da Ásia, onde nasceu. Daí em diante, essa atribuição é constante e indiscutida em Roma, pela mesma época (cânon de Muratori), no século III, na África romana (Tertuliano) e em Alexandria (Orígenes). No século IV, os primeiros historiadores da Igreja, Eusébio de Cesaréia, São Jerônimo, trazem alguns dados suplementares sobre as origens de Lucas em Antioquia e sobre o seu fim na Grécia. Estes dados tradicionais começam a aparecer justamente um século depois da redação do terceiro evangelho e dos Atos e são atestados bastante cedo nas diversas Igrejas do mundo mediterrâneo e, pelo que parece, sem contestação, concordam com os

nombre se há explicado como um fenómeno normal en griego. Por consiguierre, parece certo que Loukas es uma abreviatura o un diminutivo nominal.

dados dos dois livros sobre seu autor. Por tudo isso, é muito provável que Lucas seja o autor.

De acordo com Schind as notícias historicamente sobre a personalidade e a vida de Lucas são bastante escassas. O Apóstolo Paulo, em suas cartas, indica Lucas como seu colaborador, como pode ser visto em Filemon. Em Col 4,14, Paulo envia saudações aos cristãos de Colossas da parte dele e de Lucas o médico. Outro fator desta citação é que Paulo cita todos os seus companheiros judeus e só Lucas era um companheiro cristão procedente dos gentios. Isto demonstra que Lucas é o único escritor não judeu entre os autores do Novo Testamento.

Fitzmyer (1980) deixa claro que a opinião dos estudiosos acerca da origem étnica de Lucas está muito distante de ser unânime. No geral, há duas linhas fundamentais, a primeira diz que Lucas era de origem pagão-cristã e a segunda que ele era de origem judaico-cristã. A primeira afirmação de que Lucas era de origem pagã se baseia fundamentalmente em uma análise interna da narração evangélica lucana e do livro dos Atos dos Apóstolos.

> Eis alguns dados: seu estilo grego é de uma qualidade excelente; Lucas evita o uso de palavras de origem semita, com exceção do "amém", e omite as tradições relativas às controversas de Jesus com os fariseus sobre a interpretação da lei e sobre as normas de pureza e impureza ritual; transforma uma série de detalhes de colorido local palestinense em seus correlativos helenísticos. Estes elementos e outros muitos, mais que se poderiam aludir, são os que geralmente se alegam para identificar Lucas como pagãocristão, e depois convertido para a religião cristã (FITZMYER, 1980, p.81).

Alguns estudiosos têm apresentado outros textos para corroborar com este pensamento de que Lucas era um cristão convertido do paganismo. Em Cl 4, 11-14, interpretam o texto segundo este argumento, analisando a fala de Paulo ao mencionar os seus três colaboradores judeus cristãos, e nesta fala o nome de Lucas não aparece.

A segunda suposição a respeito das circunstâncias étnicas de Lucas é que o mesmo é de origem judaica. Porém, a posição que prevalece entre os biblistas é a primeira.

2.1 Evangelho de Lucas

No prólogo de seu evangelho, Lucas atesta que a sua narração dependeu de representantes da primeira geração cristã, concretamente das testemunhas oculares; possivelmente também, de alguns discípulos pertencentes a segunda geração. Dentre os citados, o evangelho de Marcos. Segundo a teoria mais aceita, de acordo com Brown (2004), Marcos escreveu sua narração evangélica entre os anos 65-70 e foi uma das fontes utilizadas por Lucas além da fonte "Q". Por conseguinte, o tempo de sua narrativa tem que ser superior, pois no prólogo do livro dos Atos 1,1 a expressão "primeiro livro" se refere ao evangelho.

Quanto à data da composição, há vários pontos de vista. Dentre eles, o mais aceitável é que Lucas escreveu sua obra depois da queda de Jerusalém após os anos 70[18].

De acordo com Fitzmyer, as tensões que refletem sobre o tempo em que foi escrito o evangelho de Lucas obrigam a atribuir uma data posterior não só ao evangelho de Marcos, como também, à destruição de Jerusalém no ano 70 d.C. É impossível determinar com mínima certeza um período de tempo razoável. Há quem considere a obra de Lucas em um tempo anterior à compilação e divulgação dos escritos paulinos, pois não há nenhum dado que referente ao fato de que Lucas chegou a ter conhecimento das cartas de Paulo:

> A melhor solução é assumir a tendência majoritária da investigação atual, que situa a composição da obra de Lucas (Lucas-Atos) entre os anos 80-85 [...] enquanto o lugar em que pode ter sido escrita a narração evangélica de Lucas entramos no terreno da conjuntura pessoal o único que parece certo é que não foi composto na palestina. A tradição antiga oferece uma enorme variedade de lugar; Acaya, Beocia; Roma (FITZMYER, 1980, p108).

A opinião comumente aceita na atualidade é que Lucas escreveu sua narração evangélica para um público cristão gentio, ou ao menos

---

[18] Uma decisão de 26 de junho de 1912 da Pontifícia Comissão Bíblica declara válidos os motivos extrínsecos e intrínsecos para a autenticidade de Lucas, também dos capítulos 1-2 e de 22,43s. O Magníficat foi pronunciado por Maria. Lucas escreveu seu Evangelho como terceiro entre os evangelistas, não depois um pouco antes do ano 70, senão antes do termino da primeira prisão de São Paulo em Roma. Lucas utilizou as pregações de São Paulo e também outras fontes e suas notícias são de tudo dignas de crédito (SCHMID, 1968,p.42).

majoritariamente, a intencionalidade de Lucas era a de relacionar sua exposição do fenômeno Cristo e de sua continuação na Igreja com as tradições literárias do mundo greco-romano, como no prólogo do evangelho. Outra indicação é a dedicatória de seus dois volumes a um personagem de nome grego Theofilo, finalmente, seu interesse de abrir aos pagãos a salvação prometida a Israel nos Atos dos Apóstolos.

Sua preocupação com os cristãos gentio leva a entender a genealogia de Jesus, fazendo remontar a Adão e deste a Deus mesmo, ultrapassando os limites de Mateus que começa com Abraão.

A maioria das citações do Antigo Testamento está tomada da tradução grega dos LXX e não raro, Lucas introduz alguma modificação redacional.

> Os destinatários da obra de Lucas não eram os cristãos gentios que viviam em uma área predominantemente judaica. Eram cristãos gentios que estavam em um ambiente predominantemente pagão. Pode ser que entre eles estava qualquer judeu ou algum judeu cristão isolado como indica a citação de Isaias com que termina os Atos dos Apóstolos. Para os leitores, Lucas destina sua obra – Evangelho e Atos dos Apóstolos a cristãos gentios e Teófilo é um desse grupo (FITZMYER,1980, p. 111).

2.2 Atos dos Apóstolos

O livro dos Atos dos Apóstolos é uma continuação do Evangelho de Lucas. O relato da história da Igreja primitiva não só segue o do evangelho, mas o evento da morte e da ressurreição de Jesus Cristo, narrado no primeiro livro de Lucas, representa o pressuposto necessário, a condição de possibilidade a fim de que a missão da Igreja possa começar. Para aprofundar o estudo sobre os Atos dos apóstolos, traremos aqui a contribuição de Alberto Casalegno somada às contribuições de Rinaldo Fabris e de Daniel Marguerat.

No século II d. C., havia escritos que narravam vários episódios edificantes em volta de personagens veneráveis. Tais escritos recebiam a denominação de "Atos de Pedro", "Atos de Paulo", "Atos de Tomé" e outros. Na tradição dos Padres e escritores cristãos antigos, a partir do século II, esse livro do Novo Testamento chama-se "Atos dos Apóstolos" ou simplesmente "Atos".

Fabris (1984) apresenta os termos utilizados pelos Padres quando se referia aos Atos dos Apóstolos: Irineu de Lion, na obra Adversus Haereses III, 31, 3, chama os Atos de "Testemunho de Lucas sobre os Apóstolos". Tertuliano de Cartago atribuiu o termo "Comentário de Lucas"; o Cânon de Muratori, um catálogo fragmentário dos sagrados livros cristãos, aceitos em Roma, refere-se aos Atos com o título "Atos de todos os Apóstolos". Quanto à nomenclatura Atos dos Apóstolos, que está no atual cânon das escrituras que nós conhecemos hoje, é conhecido e citado pelos seguintes escritores e Padres: Clemente de Alexandria, na obra Stromateis V 12; Orígenes Contra Celso, VI, 11; Eusébio de Cesaréia na obra História Eclesiástica I,5,3; II 8,1; III,4,1; VI 25, 14. Vimos que a denominação Atos dos Apóstolos é posterior à compreensão do livro, mas também aproximativo com relação ao conteúdo.

Com base na própria obra lucana, podemos apresentar os pressupostos que ligam o Evangelho e os Atos dos Apóstolos. Porém, antes é preciso destacar que, entre os dois escritos lucanos há o mesmo vocabulário, o mesmo estilo literário, a mesma língua. Poucos são os exegetas que discordam[19]. Quanto aos pressupostos, o primeiro deles se encontra no prólogo At 1, 1 "Fiz meu primeiro relato, ó Teófilo, a respeito de todas as coisas que Jesus fez e ensinou desde o início até o dia em que foi arrebatado ao céu, depois de ter dado instruções aos apóstolos que escolhera sob a ação do Espirito Santo". Aqui no primeiro relato, Lucas se refere ao Evangelho, sendo os Atos, uma continuação do mesmo em um segundo momento. Na perspectiva de Lucas, a época da Igreja não é um momento histórico totalmente distinto da época de Jesus. Com efeito, Jesus

[19] C. PERROT. "Presentazione letteraria degli Atti, OPU CIT, CASALENGNO. " Em A. Geoge e P. Grelot, Introduzione al Nuovo Testamento, II Roma: Borla, 1977, 251, considera a língua do evangelho idêntica, ou quase, a dos Atos. G. Schneider, no seu comentário sobre os Atos dos Apóstolos, frisa as convergências estilísticas e teológicas entre os Atos e o evangelho de Lucas, lembrando os estudos estatísticos de R. Morgenthaler que confirmam a unidade do autor. Em geral, pode-se dizer que a língua do evangelho tem muita semelhança particular com a da primeira parte do Atos, em que se encontram muitos semitismos (1-2). Entre os dois livros, há também, pequenas divergências terminológicas. Em Atos, por exemplo, aparece 140 vezes a partícula grega te (então) que Lucas, no Evangelho, usa apenas 9 vezes. Trata-se de pormenores. À luz desses elementos, no início do século passado, A. c. Clark, The Acts of the Apostles, Oxford: Clarendon Press, 1933, 393-403, negava que o autor do evangelho de Lucas fosse o mesmo do livro dos Atos. Essa opinião foi retomada por A. W. Argily."The Greek of Luke and Acts". Há, porém, outras maneiras de explicar essas variações de linguagem, em primeiro lugar devem-se levar em conta a versatilidade de Lucas e a distância temporal que, com toda probabilidade, ocorreu entre as duas obras.

ressuscitado manifesta sua presença na vida da comunidade por meio do seu nome e enviando seu Espírito conforme At. 3, 6 "Mas Pedro lhe disse: Nem ouro nem prata possuo. O que tenho, porém, isto te dou: em nome de Jesus Cristo, o Nazareu, põe-te a caminhar". Assim como em At 3, 16 "Graças à fé em seu nome, este homem que contemplais e a quem conheceis, foi o Seu nome que o revigorou; e a fé que nos vem por Ele é que deu a este homem a sua perfeita saúde diante de todos vós". E ainda em At 4,12 "Pois não há, debaixo do céu, outro nome dado aos homens pelo qual devamos ser salvos". Em relação ao Espírito, diz o texto de Atos 2, 33 "Portanto, exaltado pela direita de Deus, ele recebeu do Pai o Espírito Santo prometido e o derramou, e é isto o que vedes e ouvis".

Sendo a narrativa lucana uma unidade em dois blocos, uma das questões é o motivo pelo qual foram separados na lista do Cânon. A resposta a esta indagação é hipotética, Casalegno (2003) recorre a F. Bovon[20] que observou em seus estudos que nenhum papiro ou código antigo coloca os dois textos lucanos um depois do outro. Segundo a análise do mesmo não acontece no papiro Bodmer (P^{75}) ou no papiro Chester Beatty (P^{45}) que são do século III, nem nos grandes códigos do Sinaítico e do Vaticano do século IV. Hipoteticamente, Casalegno e Marguerat (2003) apresentam uma resposta: Quando a Igreja, provavelmente no início do segundo século, coletou os textos revelados para a composição do cânon, interessou-se em guardar juntos todos os evangelhos, ao invés de destacar a unidade da obra lucana. Os dois volumes foram dissociados. O primeiro que corresponde ao evangelho foi reunido junto a Mateus, Marcos e João e o segundo foi colocado antes das epístolas, a fim de estabelecer o quadro narrativo dos escritos paulinos. Talvez, essa separação tenha sido facilitada pelo fato de Lucas e Atos terem um gênero literário diferente. A diferença a que nos referimos é que no cânon do Novo Testamento, o livro dos Atos dos Apóstolos tem um gênero literário único que se diferencia do gênero literário do evangelho. A variedade dos gêneros constitui a riqueza do "corpo lucano" que, no Novo

---

[20] F. Bovon. Evangelho de Lucas e Atos dos Apóstolos, em Evangelhos sinóticos e Atos dos Apóstolos. São Paulo: Paulinas, 1986.

Testamento é superado somente pelo "corpo joanino", em que se encontram três gêneros literários diferentes: o do evangelho, o das cartas e o do Apocalipse.

Quanto às fontes, sabemos que Lucas para compor o evangelho utilizou-se do material "Q", de Marcos e de materiais próprios. Em relação aos Atos dos Apóstolos, Fabris (1984) atesta que apesar da variedade de histórias e personagens, narrações e discursos, o que mais impressiona o leitor é que em tudo domina perfeita homogeneidade, tanto de estilo como de pensamento. O autor o elaborou com o material ou documentação que tinha à disposição, de acordo com suas peculiaridades estilístico-religiosas e seu projeto ideal. Portanto é difícil isolar no livro dos Atos as "fontes" ou documentos separando-os do trabalho redacional do autor[21]. "É preferível, então, falar de tradições históricas, em qualquer forma que tenham chegado até o autor: em forma de histórias já elaboradas ou de anotações, esquemas ou simplesmente fórmulas de catequese de profissões de fé, agora transladadas para os discursos" (25). Portanto, o leitor atual dos Atos não entra imediatamente em contato com a reconstrução histórica de um acontecimento da Igreja primitiva, mas com um texto escrito para leitores cristãos do século I onde é reelaborada a tradição sobre o evento ou personagens históricas da Igreja primitiva. Seguindo esta mesma perspectiva, Casalegno (2005) corrobora com a posição de que não é tão simples indicar com precisão as fontes que Lucas utilizou na composição dos Atos. Para ele é possível somente fazer algumas suposições a respeito, embora seja útil realçar que as fontes do livro dos Atos não podem ser hipotetizadas abstratamente, mas só considerando cada unidade literária. Não temos pretensão aqui neste trabalho de pormenorizar as fontes. Certamente, na literatura religiosa de sua época, Lucas não encontrou composições completas referentes a atividade da Igreja primitiva e à missão de Paulo, prontas para serem desenvolvidas e aprofundadas por meio do seu trabalho de redação. Falta a esse respeito qualquer documentação. O que

[21] Apesar do impressionante trabalho realizado por M. É. Boismard e A. Lamouille (Les Actes des deuxs apôtres, I-III, 1990), não posso deixar de concordar com a constatação feita por seus predecessores, na mesma coleção, em 1926: "Devemos concluir que fracassaram todas as tentativas de determinar com exatidão as fontes dos Atos, partindo-se do ponto de vista literário. É inútil querer entrar em detalhes tentando estabelecer a que documento pertenceu este ou aquele trecho, pois o autor não reproduziu suas fontes literalmente; ele as reelaborou, imprimindo-lhes a marca de seu vocabulário e de seu estilo" (E. Jacquier, Les Actes des Apôtres, 1926,p. CXIV). MARGUERAT (2003,p.27).

Casalegno propõe de forma genérica é que a tradição pré-lucana, na qual se baseia os Atos, acarreta vários tipos de fontes.

> A fonte jerosolimitana, encontrada em Antioquia que relata os eventos referentes aos apóstolos e sua atividade em Jerusalém e nas redondezas; a fonte antioquena, referente aos helenistas, que se formou na cidade de Antioquia; vários diários de viagem com o roteiro das viagens paulinas; as seções "nós", nas quais aquele que escreve participa dos acontecimentos vividos por Paulo, utilizando-se, na sua redação, do pronome pessoal na primeira pessoa do plural. (CASALEGNO, 2005, p.35)

Quanto ao lugar e à data da composição dos Atos dos Apóstolos, assim como o evangelho, não existe uma precisão na afirmação, mas há um consenso entre os exegetas em apresentar o final do primeiro século da era cristã como sendo o período de composição. "Hoje em dia ninguém aceita a teoria da escola de Tubinga que pensava que os Atos tivesse sido escrito na metade do século II d. C" (CASALEGNO, 2005,p.35). Analisando alguns dados, Casalegno, com base no prólogo de Lc 1, 1-4, no discurso de Mileto em At 20, 25.38, tal pormenor indica que provavelmente o autor escreve após o martírio de Paulo que aconteceu no ano 64 durante a perseguição de Nero. Conclui-se que, se a data da composição for posterior aos anos 70 d. C., escrevendo o autor após a queda de Jerusalém (Lc 19,43; 21,20-24), ela não pode ser adiada demais e colocada muito depois da morte de Paulo, já que o livro deveria estar escrito no ano 96 d. C. quando o imperador Domiciano (81-96 d. C.) deferiu uma grande perseguição contra os cristãos de Roma. A partir de alguns dados, pode-se colocar a composição dos Atos nos anos 80 – 95 d.C. Fabris (1984), diz que se deve levar em conta a ordem de sucessão dos dois volumes, indicada no prólogo de At 1,1. Sendo o evangelho de Lucas composto mais ou menos entre os anos 75/80 d.C. na dependência do evangelho de Marcos, a redação dos Atos, segundo Fabris, deu-se por volta dos anos 80/85.

Quanto às características literárias podemos apresentar algumas definições. Sendo Lucas conhecido como um bom narrador, cujas características podem ser encontradas na própria obra, o bom estilo na apresentação do material, a ligação entre os episódios, a atenção pela história, caracterizam a redação literária dos Atos. A história narrada por Lucas começa logo após a morte e ressurreição de Jesus, perto do ano 33 d. C. para terminar com a chegada de Paulo a Roma, mais ou menos no ano 60 d. C. Quase trinta anos de história são apresentados nos 28 capítulos do livro. Muitas sugestões já foram propostas para identificar o gênero literário dos Atos, mas a ausência de uma analogia satisfatória na literatura antiga torna difícil a decisão[22]. Casalegno (2005), propõe como tipo de gênero literário a categoria de monografia histórica com base nos estudos dos exegetas Has Couzelmann e M. Hengel[23]. Segundo o mesmo, é melhor afirmar que o evangelista quer redigir uma monografia histórica, referente a alguns momentos da vida da Igreja, frisando em particular sua expansão para o Ocidente. Porém, outra alternativa é proposta por Daniel Marguerat que atribui a Atos o termo "historiografia apologética" com base nos estudos de Gregory Sterling[24] que classificou os Atos dentro de uma corrente literária que ele chama de historiografia apologética, ao lado de Manethon, Berosso, Artapanos e das Antiguidades judaicas de Flávio Josefo. Estas obras são aproximadas devido ao esforço em analisar a identidade de um movimento, expondo suas tradições nativas, exibindo sua dignidade cultural e a antiguidade de suas origens, tendo como traço marcante a autodefiniçao do grupo por via historiográfica. A partir do termo "história de um começo", Marguerat justifica a sua definição dos Atos como historiografia apologética, como ele mesmo assim se expressa:

> Nem romance, nem biografia, nem hagiografia, nem apologética em sentido estrito, o livro dos Atos não se deixa captar por nenhuma dessas etiquetas, embora corresponda a esses gêneros literários por vários traços. A categoria que mais se aproxima é a historiografia com intenção apologética, ajudando a cristandade a se entender e se autodefinir. Seu caráter de "relato do começo"

---

[22] "Após uma crítica detalhada das propostas emitidas na pesquisa, A. J. M. Wedderburn chega a uma conclusão negativa: "Já que nem contemporâneos nem posteriores escreveram semelhantes Acta, sua obra, a bem dizer, é sui generis. Não pertence a gênero nenhum, se é que um gênero per definitionem só pode consistir em várias obras" A.J. M. Zur Frage der Gattung der Apostelgeschichte, 1966, p.319; C, J. Hemer. The book of Acts in the Setting of Hellenístic History. 1989,p.42. opu cit (MARGUERAT, 2003,p. 38).

[23] Foram os primeiros exegetas que utilizaram o termo de "monografia histórica" para classificar os Atos. C. H. Talbert e E. Plümacher evidenciaram que essa forma literária se encontra frequentemente na cultura helenista. É provável que Lucas considere também o evangelho como uma monografia. Por isso, segundo os cânones da retórica helenista, relaciona entre si suas duas obras por meio dos vários elementos literários que evidenciamos. (CASALEGNO,2005,p.49).

[24] G.E. Sterling. Historiography and Self-Definition, Josephos, Luke-Acts and Apologetic Historiography, 1992.

> garante à obra lucana uma função evidente de auto-identificação (MARGUERAT, 2003,p.45).

Tendo apresentado os esforços de Casalegno e de Marguerat em demonstrar uma definição literária para a narrativa dos Atos dos Apóstolos, é importante considerar também a impressão de Fabris. A partir do objetivo exposto no prólogo da primeira parte da obra em que consta a narração ordenada dos acontecimentos, tendo a finalidade de mostrar a solidez e a autenticidade dos ensinamentos cristãos, Fabris compreende como gênero literário "uma história religiosa para confirmar a opção cristã, uma história com vistas à evangelização" (FABRIS, 1984, p.19).

3. Teologia de Lucas

Tendo apresentado a composição histórica querigmática da narrativa lucana, adentraremos na teologia de Lucas. Buscaremos demonstrar a gênese, as tensões e o desenvolvimento desta teologia, bem como, sua importância na teologia bíblica do Novo Testamento.

Encontramos com facilidade vários manuais de teologia do Novo Testamento trazendo em seu conteúdo uma síntese da teologia paulina e conclui-se com uma síntese de interpretação teológica do evangelista João. Quase sempre se faz referência aos sinóticos para dar razão aos possíveis elementos primitivos em Marcos e em "Q", incluindo às vezes um breve resumo da teologia das três narrações sinóticas de modo bem genérico. Em qualquer caso, o espaço que se dedica a teologia de Lucas é normalmente muito reduzido. Fitzmyer (1986) afirma que Lucas é englobado na massa amorfa de representantes de uma evolução tardia e está enquadrado no contexto de uma emergente auto-compreensão da Igreja que prima pelo ministério e institucionalização, o desenvolvimento doutrinário, as consequências da demora da Parusia e comportamentos problema da existência cristã. Tudo o que é apresentado como teologia de Lucas se reduz a alguns títulos convencionais como nessas teologias de N T escritos por atiradores de elite, que não se importam em descobrir os seus vários níveis de contundência[25] .

Uma das principais razões que contribuiu com a escassez da síntese da teologia lucana é a atitude decididamente negativa que se tem adotado com respeito a Lucas em um amplo setor da investigação moderna. Esta atitude compreende a negação de todo o caráter teológico da obra lucana, bem como, a diferenciada apresentação teológica de H. Conzelmann. Muitos esforços foram feitos para tentar sanar este desequilíbrio e promover um acurado estudo sobre Lucas e sua teologia[26].

A exegese moderna tem mostrado interesse pela obra lucana, pois muitos são os comentários acerca desta obra que desenvolveu grandes debates e contribuições no pensamento bíblico. Fitzmyer (1980) apontou as primeiras pesquisas relevantes sobre a narrativa lucana que servem como modelo para posteriores pesquisadores e se reporta a quatro exegetas alemãs: o primeiro foi Martin Dibelius, com uma série de ensaios dedicados especialmente a um estudo crítico das formas literárias de Atos, que resultou numa obra intitulada Estudos dos Atos dos Apóstolos, publicada antes de 1950. Seguindo esta mesma linha de pesquisa, Hans Conzelmann publica em 1953 a obra Teologia de São Lucas fazendo uma análise exegética da teologia de lucas e em 1963 publica seus estudos sobre Os Atos dos Apóstolos. Adotando o mesmo sistema de Conzelman, Ernst Haenchen elabora um grandioso comentário crítico intitulado Os Atos dos Apóstolos. Por fim, anterior a estes, Philipp Vielhauer em 1950 publica um artigo de grande relevância.

A teologia de Lucas é um dos máximos expoentes, que apresenta ao homem de hoje a pessoa de Jesus para a salvação do ser humano. Por isso, esta teologia merece toda a nossa atenção e o mais sério esforço para apresentá-la de

---

[25] As causas que deram origem a esta interpretação da teologia do Novo Testamento são expostos na obra: G. Strecker, Das Problem der Theologie des Neuen Testaments (Darmstadt 1975).

[26] Dentre o esforços de superar a visão negativa a respeito da obra lucana podemos elencar: H. Flender, St. Luke: Theologian of Redemptive History (Filadelfia 1967); I.H. Marshall, Luke: Historian and Theologian (Exerter-Grand Rapids Mi. 1971) e E. Franklin, Christ the Lord: A Study in the Purpose and Theology of Luke-Acts (Filadelfia 1975).

uma maneira global e coerente e mais ainda por tratar-se de sua exposição dentro de um comentário que, por sua natureza, é fundamentalmente analítico.

> A teologia que Lucas apresenta é a teologia de suas fontes, ou seja, as tradições apostólicas e palestinenses. A teologia de Lucas não é muito diferente da teologia de Mateus e Marcos e menos ainda oposta a estas. Em Lucas não contém nenhum elemento teológico que não se encontre em seus predecessores e destes difere pela ênfase que dá a certos tópicos do que por alguma doutrina positiva (MCKENZIE, 2015,p.510).

Dentre as teologias bíblicas do N.T., podemos situar a teologia lucana. A dimensão teológica da obra lucana consiste no fato do mesmo apresentar uma história da salvação. A preocupação, própria de Lucas, de distinguir as etapas da Salvação é chamada muitas vezes de "periodização" da história. Lucas faz uma teologia da história que tem suas raízes no passado, no tempo de Israel, recorda muitas vezes, a história dos antepassados de Jesus, fazendo menção ao caminho de Israel, que corresponde ao Antigo Testamento, visto como o tempo das promessas de Deus. Mas esse caminho continua e chega a seu ápice em Jesus Cristo, no tempo presente, (a palavra "hoje" caracteriza esse tempo: "hoje se cumpriu a Escritura" Lc 4,21) o tempo da realização das promessas que continuam na Igreja, pela ação do Espírito Santo e se consuma na Parusia, cuja realidade se reflete na parábola das minas (dinheiro) em Lc 19,23

As características que indicam uma reflexão teológica estão presentes no conjunto de sua obra Lucas – Atos.[27]

> Lucas é "historiador e também teólogo. A verdade que ele quer propor ao leitor não é simplesmente histórica, ou geográfica [...] sua intenção é mostrar que, por meio de fatos realmente acontecidos, o desígnio de Deus se realiza na história" (CASALEGNO, 2005, p.70).
>
> Com base na construção literária da obra lucana, Fitzmyer (1986) apresenta diversos aspectos das características da teologia lucana. 1- começa apresentando o querígma como uma

[27] A unidade das duas obras, já afirmada em 1679 por J. Lightfoot, foi claramente demonstrada por estudiosos da primeira metade do século XX e hoje em dia é admitida pela maioria dos exegetas, apoiados fundamentalmente na unidade da linguagem, estilo e teologia. As duas obras constituem um bloco de aproximadamente 37.778 palavras. O conjunto quantitativamente mais completo de todo o Novo Testamento costuma ser designado com a sigla Lc-At. O conjunto representa o empreendimento literário mais ambicioso do cristianismo primitivo, que pela primeira vez procurava autocompreender-se no marco da História da Salvação (CARMOSA; MONASTERIO, 2000, p. 267-268).

> estrutura tipicamente lucana quanto à proclamação do próprio Jesus e ainda o modo dos discípulos anunciarem a salvação do acontecimento Cristo, presentes nas duas partes de sua obra, Evangelho e Atos que têm em si mesma caráter proclamatório. 2- A disposição dos materiais usados por Lucas em sua narrativa obedece a uma clara intencionalidade teológica. 3- Quanto ao aspecto geográfico da composição lucana, concentra a realização dos acontecimentos salvíficos em Jerusalém, lugar da proclamação do querígma. 4- A importância que Lucas dá à história, fundamentando o acontecimento Cristo na história da humanidade, não querendo com isso historicizar a salvação, mas apresentando a salvação na história inaugurando uma nova era para a humanidade. Assim sendo, os elementos históricos e geográficos, para Lucas, encerram uma perspectiva teológica que configura a visão universalista do próprio Lucas. 5- A cristologia de Lucas é o elemento principal de toda sua concepção teológica. Através dela, percebe-se a distinção das diversas fases de Jesus, a revisão dos títulos tradicionais, com sua criatividade que inventa novas denominações distintas e com ênfase peculiar no aspecto soteriológico. 6- A importância na atividade do Espírito Santo como condutor da história salvífica. Este acento é praticamente único em todo o Novo Testamento. Faz-se notar especialmente a relação do Espírito Santo com o Jesus terrestre, com o Cristo ressuscitado e com os discípulos do Senhor. 7- A escatologia lucana, que se concentra no atraso da parusía com uma intencionalidade muito maior que nos demais evangelhos, é prova evidente de sua profunda preocupação teológica. 8- A imagem do discípulo que aceita pela fé a Palavra, com arrependimento sincero, que conduz à salvação; o batismo que faz o discípulo assumir as exigências da vida cristã no seguimento a Jesus Cristo, a missão e a comunhão com as demais igrejas cristãs espalhadas no âmbito oriental do Mediterrâneo. Tais aspectos associados à imagem do discípulo revela o profundo sentido teológico da apresentação lucana. 9- A descrição universal da pessoa de Jesus na primeira parte da obra lucana tem em si mesmo uma inegável transcendência teológica. Dentre todos os elementos aqui enumerados, iremos aprofundar o primeiro elemento, que consideramos o objeto de nosso estudo, a dimensão querigmática da obra lucana.

A obra lucana nos chama a atenção pela sua maneira específica de relatar os acontecimentos sobre Jesus e a Igreja de maneira sistemática como podemos perceber a partir do prólogo do Evangelho segundo Lucas 1, 1-3 e do prólogo dos Atos dos Apóstolos 1, 1-2:

> Visto que muitos já tentaram compor uma narração dos fatos que se cumpriram entre nós, conforme no-los transmitiram os que desde o princípio, foram testemunhas oculares e ministros da Palavra, a mim também pareceu conveniente, após acurada

> investigação de tudo desde o princípio, escrever-te de modo ordenado, ilustre Teófilo, para que verifiques a solidez dos ensinamentos que recebeste (Lucas 1, 1-3).

Podemos falar que Lucas é conhecedor das várias tradições acerca de Jesus. Ao pesquisar sobre elas e fazer uma leitura das várias fontes que pode obter, formulou a sua teologia através da unidade de uma obra dividida em duas partes.

Outras características teológicas são observadas por Schmid (1968) por exemplo, quanto à personalidade de Jesus, a partir de Lc 1,53; 4,18; 6,20s; 14,12, para Schmid, Lucas pretende em primeiro lugar fazer uma descrição de Jesus como o redentor dos aflitos e desprezados, dos pobres e pecadores e, é precisamente a estes que Jesus se revela em sua atuação messiânica. A partir de Lc 6,24; 12, 13-21; 14,33; 16, 9.11.19-31; 18,22, segundo a interpretação de Schmid, Lucas, como nenhum outro evangelista destaca a predileção pelos pobres e abandonados, admoestando quanto ao perigo das riquezas injustas, a compaixão pelos necessitados, falando sobre as esmolas.

Em sua narrativa teológica, contrastando com a doutrina judaica, Lucas traz presente em primeiro plano o lugar da mulher. Apresenta Jesus em contato, diálogo e convivência com as mulheres, como pode ser conferido em Lc 7,11-17 com a viúva de Naim; em Lc 7, 36-50 com a pecadora arrependida; em Lc 8, 1-3 quando fala sobre as mulheres galileias que põem à disposição de Jesus seus bens e serviços e o acompanha em sua missão; Lc 10, 38-42 que trata da visita de Jesus às duas irmãs em Betânia; Lc 23, 27-32 quando narra as mulheres de Jerusalém indo ao encontro de Jesus no caminho do calvário; Lc 11, 27 quando narra a parábola das bem aventuranças dirigida à mãe de Jesus por uma mulher do povo.

Outros temas importantes de sua teologia, embora já tendo sido contemplado por Fitzmyer, mas que Schmid também apresenta é o destaque que Lucas dá ao Espírito Santo em seus dois escritos. Lucas mostra a atuação do Espírito Santo através do cumprimento da profecia de Joel na vida de Jesus e na atuação missionária dos apóstolos Lc 3, 1; outro aspecto é sobre a oração, mostrando as vezes que Jesus orava e ensinou os seus discípulos a orar, como pode ser conferido em Lc 11, 13; registra as impressões de admiração causadas em Jesus, por exemplo, Lc 4,15; 5, 25; 6,11. Outro elemento interessante é o discurso escatológico.

A perspectiva de Lucas é diferente dos demais evangelistas, o mesmo reelaborou destacando não a proximidade do fim, mas o caráter repentino da vinda de Jesus (Lc 17,20s, sinalizando o grande motivo para apresentar o tema da vigilância Lc 21, 43), considerando necessário alertar os cristãos do seu tempo contra o perigo do relaxamento e da secularização Lc 21, 43, exortando a constância e perseverança.

3.1 A História da Salvação a partir de Lucas

A ideia de salvação é algo que está presente em todas as religiões da humanidade, que de certa forma, apresenta um Deus que salva seus fiéis. Na teologia cristã, a elaboração da ideia da salvação remonta para o Antigo Testamento. De modo genérico, faremos uma breve apresentação desse percurso histórico até nos determos na compreensão lucana de salvação[28].

Partindo da experiência histórica de Israel, no Antigo Testamento, Iahweh (Deus) é frequentemente associado à salvação, conforme Os. 13,14. Através de circunstâncias diversas, como o milagre ou o envio de um chefe humano que conduz à vitória, Israel experimenta a salvação de Deus. Dentre tantos exemplos, temos um clássico: o cerco de Jerusalém por Senaquerib, o rei da Assíria desafia Javé a salvar Israel (2Rs 18,30-35); Isaias promete a salvação (2Rs 19,34; 20,6); e de fato Deus salva seu povo. Ora, os historiadores sagrados assinalam no passado, múltiplas experiências desse gênero.

Tendo demonstrado a experiência histórica, partiremos para as promessas escatológicas: de acordo com Léon- Dufour,(2013,p.962) a própria história se

[28] A ideia de salvação é expressa em hebraico por um conjunto de radicais que se referem à mesma experiência fundamental: ser salvo é ser tirado de um perigo onde se corria o risco de perecer. Conforme a natureza do perigo, o ato de salvar, tem a afinidade com a proteção, a libertação, o resgate, a cura; e a salvação, com a saúde, a vitória, a vida, a paz. É a partir de uma tal experiência humana, e retomando os próprios termos que a exprimem, que a revelação explicou um dos aspectos mais essenciais da ação de Deus aqui na terra: Deus salva os homens. Cristo é nosso Salvador (Cf. Lc 2,11) (LÉON-DUFOUR,2013,p.961).

esboça em mais de um caso de uma lei providencial cujas consequências se manifestarão no contexto da escatologia: nos perigos causados pelo pecado humano, só um resto é salvo (como Noé, no dilúvio). A salvação não se realiza sem que um juízo divino a acompanhe e sem que os justos sejam segregados dos pecadores. Em relação às promessas escatológicas, é nos momentos das grandes provações nacionais que Israel olhava com grande confiança para o Deus que o salvaria (Cf. Mq 7,7). Diz Jeremias que Javé salvará seu povo reconduzindo-o à sua terra (Cf. Jr 31,7), enviando-lhe o Rei Messias (Cf.Jr 23,6). As descrições pós-exílicas do dia de javé cantarão a alegria da salvação (Cf.Is 12,2; 25,9).

O cumprimento das profecias sobre a salvação de Israel acontece na vinda de Messias. Um novo tempo é inaugurado e a salvação acontece, conforme o próprio Jesus interpretou na sinagoga de Nazaré:

> Foi lhe entregue o livro do profeta Isaias; desenrolou-o, encontrando o lugar onde está escrito: O Espírito do Senhor está sobre mim, porque ele me consagrou pela unção para evangelizar os pobres, enviou-me para proclamar a libertação aos presos e aos cegos a recuperação da vista, para restituir a liberdade aos oprimidos e para proclamar um ano de graça do Senhor. Enrolou o livro, entregou-o ao servente e sentou-se. Todos na sinagoga olhavam-no, atentos. Então começou a dizer-lhes: "Hoje se cumpriu aos vossos ouvidos essa passagem da Escritura" (Lc 4, 17-21).

É primeiramente por meio de atos significativos que Jesus se revela como salvador. Salva os doentes pela cura (Mt 9,21; Mc 3, 4;); Salva Pedro andando sobre as águas e os discípulos surpreendidos pela tempestade (Lc 8,48; 17,19; 18,42), e os discípulos são censurados por terem duvidado (Mt 8, 26; 14,31). A Salvação que Jesus oferece é a salvação do pecado. Ele dá o arrependimento e o perdão dos pecados (cf. At 5,31).

3.1.1 A Interpretação lucana da História da Salvação

De acordo com Fitzmyer, (1986,9.440) uma das maneiras adotadas por Lucas para apresentar o querigma consistiu na formulação do termo "história da salvação". Em Lucas, o termo história da Salvação adquire personalidade específica devido aos inúmeros elementos que contribuem para delimitar tal termo. Para entendermos o desenvolvimento da história da salvação na perspectiva lucana, antes é preciso entender o conceito de Plano de Deus desenvolvido por Lucas, pois, a história da salvação gira em torno desse plano.

Na narrativa lucana, o plano de Deus consiste justamente na ação salvífica de Deus que se realiza na vinda de Jesus. Para o pensamento lucano, a vinda de Jesus não significa o fim da história, compreendida como um desenvolvimento de acontecimentos, mas, assinala o fim de um período histórico e o começo de uma nova era, onde se desenvolve o plano de Deus.

Lucas apresenta explicitamente a ideia de plano de Deus na passagem que diz: "os fariseus e os legistas, porém, não querendo ser batizados por ele, aniquilaram para si próprios o desígnio de Deus" (cf. Lc 7,30). Com a expressão "desígnios de Deus", compreende-se a ideia de plano de Deus que se dá através de Jesus. Tal expressão reaparece no livro dos Atos "Este homem, entregue segundo o desígnio determinado e a presciência de Deus, vós o matastes, crucificando-o pela mão dos ímpios" (Cf. At 2,23). Pedro, nesta passagem se refere ao plano previsto e sancionado por Deus. Outros textos do livro dos Atos dos Apóstolos aludem ao plano de Deus: At. 4,28; 13, 36, 20,27. Outra expressão refere-se ao plano de Deus, por exemplo, a expressão "vontade" como sinônimo do termo plano, conforme podemos perceber em Lc 22, 42: "Pai, se queres, afasta de mim este cálice! Contudo, não a minha vontade, mas a tua seja feita"! Da mesma forma, encontramos o termo vontade em At 21,14 "como não deixa-se persuadir, aquietamo-nos, dizendo: "Seja feita a vontade do Senhor!"

Diante da ideia de plano de Deus em que se dá a história da salvação, Fitzmyer (1986,p.300) afirma que segundo a interpretação de Lucas, Deus tem predeterminado certos acontecimentos que já tiveram lugar ou que vai realizar-se no curso da história. A expressão desse fenômeno adquire diversas modalidades como, por exemplo, em Lc 22,22: "O Filho do homem vai ser entregue, segundo o que foi determinado, mas ai daquele homem por quem ele for entregue". Outro exemplo é a pregação apostólica que diz que Jesus foi constituído Juiz dos vivos e dos mortos (Cf. At 10,42, 17,26.31).

Faz parte da estrutura desse pensamento lucano sobre plano de Deus, uma certa necessidade para que o plano alcance seu pleno cumprimento. Por isso, no conjunto das palavras e a atividades de Jesus nos quais se cumpre a Escritura pode-se ver essa tal necessidade através das expressões: "é necessário", "tem que", "devo", utilizada como verbo impessoal e em sentido absoluto: Lc 2, 49; 4,43;9,22;13,33;17,25;At 1,16.21; 3,21;4,12;5,29;25,10. A realização histórica do plano de Deus se faz presente na narrativa lucana mediante o termo "cumprimento". Tal terminologia não é exclusividade de Lucas. Porém, Lucas considera essa terminologia como um dos elementos fundamentais que configura o horizonte histórico-salvífico. O verdadeiro objetivo do plano de Deus para Lucas, de acordo com Fitzmyer (1986,p.303) " corresponde a um desígnio salvífico que se realiza na história humana por meio da atividade de Jesus". A salvação na história é uma referencia da obra lucana, pois em toda tradição sinótica, Lucas é o único que atribui a Jesus o título de Salvador (Cf. Lc2,11). A presença de Jesus leva consigo o cumprimento do plano do Pai, como pode ser observado nesta passagem: "Hoje a salvação entrou nesta casa, porque ele também é um filho de Abraão" (cf. Lc 19,9). Tendo falado sobre o plano de Deus e seu desdobramento dentro da obra lucana analisaremos a incidência deste mesmo plano na configuração da história humana.

3.1.2 As fases da História da Salvação a partir da compreensão lucana

Refletiremos sobre as fases da história da salvação lucana adotando a tríplice divisão de Conzelman[29], que de acordo com Fitzmyer (1986,p.45) é fundamentalmente correta. Para aprofundar a perspectiva histórica de Lucas devemos levar em consideração três períodos: o tempo de Israel que vai desde a criação do mundo até João Batista; o tempo de Jesus que compreende o início de

[29] Fitzmyer explica que esta divisão da história da salvação em três períodos não aparece explicitamente na obra de Lucas. O texto de Lc 16,16 parece falar de uma redução em apenas dois períodos: Israel e Jesus. Porém, não se pode duvidar que a adição do livro dos Atos dos Apóstolos como continuação do Evangelho conduz implicitamente a uma ulterior diversificação de períodos. Na verdade, esta divisão tripartida da história da salvação em Lucas é anterior a Conzelmann, pois já se encontrava de fato na monografia de H. von Baer Der heilige Geist in den Lukasschriften. O esquema tripartido, como nos apresenta Conzelmann já tinha sido apresentado por outros comentaristas (FITZMYER, 1986,p.45).

seu ministério até a ascensão e o tempo da Igreja perseguida, que se estende desde a ascensão de Jesus até a parusia. É importante também perceber que Lucas não é o único e nem o primeiro escritor do Novo Testamento a utilizar o recurso "história da salvação" para interpretar o acontecimento Cristo. O Apóstolo Paulo em seus escritos insere a categoria de "salvação" e também tem uma concepção própria de história da salvação. Fitzmyer (1986,p.47) diz que as fases da história da salvação no pensamento paulino, são naturalmente, distintas das que Lucas apresenta, devido a ideia básica de um plano de Deus de caráter salvífico. Porém, ao que se refere ao A.T. e ao ministério terrestre, a morte e ressurreição de Jesus de Nazaré, em ambos, são elementos comuns. A divisão específica introduzida por Lucas na história da salvação deve ser sempre considerada como uma criação puramente lucana. Com isto não é menos válida que a interpretação paulina da história.

O esquema de Conzelmann considera a história da salvação segundo a concepção lucana em três períodos, de acordo com o mesmo, encontra seu fundamento em três passagens do evangelho de Lucas. A primeira em Lc 16,16 "A Lei e os profetas até João! Daí em diante, é anunciada a Boa Nova do Reino de Deus, e todos se esforçam para entrar nele, com violência". De acordo com Fitzmyer (1986,p.305), soa uma palavra de Jesus totalmente fora de contexto, em que se pode perceber uma divisão entre os dois primeiros períodos: a lei e os profetas chegaram até João. Isso indica que tal divisão é fruto do trabalho redacional de Lucas.

A segunda passagem está em Lc 22,35-37:

> E disse-lhes: "Quando vos enviei sem bolsa, nem alforge, nem sandálias, faltou-vos alguma coisa? "Nada", responderam. Ele continuou: "agora, porém, aquele que tem uma bolsa tome-a, como também aquele que tem um alforje; e quem não tiver uma espada, venda seu manto para comprar uma. Pois eu vos digo, é preciso que se cumpra em mim o que está escrito: Ele foi contado entre os iníquos. Pois também o que me diz respeito tem um fim.

Nestas novas instruções que Jesus dá aos Doze, diferente do que ele deu anteriormente em Lc 10,4, revela que agora dá-se um novo tempo: o tempo da Igreja perseguida.

A terceira passagem está em Lc 4,22: "Todos testemunhavam a seu respeito, e admiravam-se das palavras cheias de graça que saiam de sua boca. E diziam: não é este o filho de José?". Esta passagem se refere a interpretação que Jesus dá de Is 61,1-2. Jesus na sinagoga de Nazaré afirma que a promessa que Deus fez no tempo de Israel, por meio do profeta Isaias, se cumpre precisamente no tempo em que ele inicia seu ministério. Interpretando a teoria de Conzelmann sobre este terceiro ponto, Fitzmyer diz que:

> O termo "hoje", funciona como ponto divisor não só entre o tempo de Jesus e o tempo de Israel, senão também entre o tempo de Jesus e o tempo da Igreja. Na concepção lucana, o segundo período, o tempo de Jesus é o tempo autêntico da salvação. O terceiro período, o tempo da Igreja, quer dizer, a época em que Lucas escreve, é uma projeção do tempo passado em que a salvação se faz realidade de uma vez para sempre. (FITZMYER, 1986,p.306)

Essa teoria de Conzelmann tem atraído uma série de objeções. Nosso intuito aqui não é aprofundar as discussões exegéticas em torno desta teoria, mas apenas apresentar esta divisão da história da salvação lucana considerada a mais aceita.

3.1.3 A universalidade da história da salvação

A dimensão da universalidade é uma das características explicitamente forte na história da salvação lucana, presente no conjunto de toda sua obra. Ao descrever a salvação de Deus dentro da história humana, Lucas aponta para um movimento que ultrapassa as fronteiras do povo judeu compreendido como o único destinatário da eleição divina. Este movimento de desdobramento, gera uma mudança de ótica que implica numa concepção nova do significado de Israel. É bem sabido que também encontramos a dimensão da universalidade nos outros evangelistas. Por exemplo, em Mt 28,19-20, Jesus confia aos seus discípulos uma missão de caráter universal. Porém, aqui nos deteremos no pensamento lucano.

A ideia de universalismo na história de salvação lucana, parte da postura de Lucas com relação a Israel. Como vimos anteriormente, na periodização da história da salvação o primeiro período consiste no tempo de Israel. Fitzmyer (1986,p.314) explica que "o tempo de Israel não é uma magnitude destinada a ser suplantada por outra realidade. A predileção por Israel pode ser vista nas seguintes passagens: Lc 1,16-17.77; 2,25-26; 2,32. O plano de Deus não consiste em substituir seu povo eleito por outro novo povo". Isso quer dizer que a abertura da salvação para os gentios e os samaritanos não significa suplantar o antigo povo judeu[30], pois a expansão da salvação faz parte integrante do plano de Deus que entra nas promessas feitas a Israel desde a sua constituição como povo.

Contudo, podemos perceber que na compreensão de universalismo na história da salvação lucana está uma reconstituição da comunidade de Israel. Compreendamos também que Lucas não disse que o povo judeu em sua totalidade havia rejeitado Jesus e sua mensagem de salvação. Percebe-se que na obra lucana o termo "Israel" não perdeu a referência ao povo judeu, mas tal denominação abarca os judeus convertidos pela mensagem de Jesus Cristo. Com isso, Lucas não fala de um novo Israel, mas de um Israel reconstituído. Quanto ao Israel histórico, o mesmo deve admitir sua divisão interna diante da pessoa e a pregação de Jesus, onde uma parte aceita a mensagem de Jesus Cristo e se torna o Israel reconstituído e aqueles que não aceitam e reprovam tal mensagem.

> A designação Israel, não se refere a uma Igreja como unidade composta de judeus e pagãos, mas aos judeus que aceitaram a mensagem do cristianismo que são os beneficiários do cumprimento da antiga promessa e aos que se associam aos pagãos como partícipes dessa promessa. Por conseguinte, não se trata de um novo Israel, senão de um Israel reconstituído. (FITZMYER, 1986, p.321).

Além da dimensão judaica, o universalismo tem outra dimensão complementária a partir do comportamento de Jesus com os mais diversos represententes de todas as classes sociais de sua época, como os publicanos: Levi (Cf. Lc 5,27), Zaqueu (cf. Lc19,2-10), grupos de publicanos (Cf. Lc5,29-30;

[30] Lucas reconhece com toda claridade o posto que corresponde a Israel na história da salvação. Entre os evangelistas sinóticos, Lucas é o que dá maior relevo a figura de Abraão, atribuindo-lhe um posto privilegiado no desenvolvimento histórico do plano de Deus. Diferente de Paulo e da carta aos Hebreus que apresentam Abraão como protótipo da fé cristã, nem o considera como o faz João, testemunha antecipada da figura e personalidade de Cristo. Nos escritos lucanos, Abraão é tão somente o pai do povo judeu (FITZMYER,1986,p.315).

7,29.34; 15,1); Os pecadores, como a pecadora pública (Cf. Lc 7, 36-50),o filho pródigo (Cf. Lc15, 11-32); a viúva de Naím (Cf. Lc 7, 11-17); os grupos de mulheres que o seguiam (Cf. 8, 2-3), Marta e Maria (Cf. 10, 38-42), a viúva pobre que deu tudo o que tinha (Cf. Lc 21, 1-4), os pobres (Cf. Lc 4,18), a primeira bem aventurança (Cf. Lc 6,20; 7,22; 14,13). Um texto que revela que a salvação de Jesus supera todas as barreiras entre as classes está em Lc 23,43 "Ele respondeu: em verdade, eu te digo, hoje estarás comigo no paraíso". A mesma abertura se dá no encontro com Zaqueu, no qual Jesus diz: "Com efeito, o filho do homem veio procurar e salvar o que estava perdido". Nesta mesma perspectiva inclui-se as parábolas da misericórdia, tão características do evangelho segundo Lucas

Como podemos observar, a história da salvação tem como centro a pessoa de Jesus Cristo, pois é nele que se manifesta a atividade de Deus na história humana. A partir de Jesus, esta salvação se universaliza reconfigurando a comunidade de Israel e estendendo-se aos povos pagãos. Nesta perspectiva querigmática de Lucas, Jesus é a salvação proclamada, ou seja, ele mesmo é arauto e objeto da própria salvação: "Pois não há, debaixo do céu, outro nome dado aos homens pelo qual devamos ser salvos" (At. 4,12).

4. Cristologia lucana

De acordo com Oscar Cullmann, a Cristologia é "a ciência que tem por objeto a pessoa e a obra de Cristo" (CULLMANN,2008,p.19). Através de seus escritos, Lucas nos apresenta a pessoa e a obra de Jesus, assim como garantiu à Teófilo, no prólogo da primeira parte, com fidelidade ao que pesquisou. A cristologia lucana foi elaborada a partir das informações que Lucas colheu de suas fontes de pesquisa, o evangelho de Marcos e a fonte "Q". Tais ferramentas o ajudaram a elaborar um retrato sobre a pessoa de Jesus. Os dados cristológicos estão descritos no conjunto de sua obra e, de acordo com Fitzmyer, a construção da cristologia lucana foi formulada em quatro partes sobre a vida de Jesus:

> Portanto, a cristologia lucana contempla quatro fases da existência de Jesus Cristo: A primeira começa com sua concepção virginal e chega ao momento em que se apresenta no deserto para receber o batismo. A segunda começa precisamente aqui, no seu batismo, incluindo todo o período de seu ministério, quer dizer, o tempo de Jesus e termina com sua ascensão. A terceira abarca o tempo entre sua ascensão e sua vinda na parusia. E a quarta parte é a vinda concreta, a parusia de Jesus (FITZMYER, 1986,p.330)[31].

No início do Evangelho, Lucas nos apresenta Jesus como sendo um judeu da Palestina que nasceu em Belém da Judeia: "Também José subiu da cidade de Nazaré, na Galiléia, para a Judéia, à cidade de Davi, chamada Belém. Enquanto lá estavam, completaram-se os dias para o parto, e ela deu à luz seu filho primogênito"(Lc 2,4.6-7). Noutras passagens, temos mais informações precisas, por exemplo, sobre a descendência de Jesus, que descende do rei Davi (Cf.Lc 1,27; 2,4;3;31), o lugar onde viveu (Cf. Lc4,16); homem credenciado por Deus diante dos homens: "Homens de Israel, ouvi estas palavras! Jesus, o Nazareno, foi por Deus aprovado diante de vós com milagres, prodígios e sinais, que Deus operou por meio dele entre vós, como bem o sabeis" (At.2, 22).Juntamente com esses dados genéricos sobre a pessoa de Jesus, Lucas indica outros aspectos que transcendem sua condição humana: a concepção virginal, o ministério público guiado pelo Espírito Santo, a estreita relação com o Pai, a ressurreição dentre os mortos e a Ascenção. Esses dados fazem parte das antigas confissões de fé com base nas convicções teológicas dos primeiros cristãos e que são de suma importância para a compreensão da cristologia:

> As antigas confissões de fé são particularmente importantes para o conhecimento do pensamento cristão primitivo: sendo um resumo das convicções teológicas dos primeiros cristãos, nos mostram a quais pontos davam ênfase; quais verdades consideravam primordiais e quais outras lhes pareciam decorrer destas. Daí se deduz que a teologia cristã primitiva é quase exclusivamente uma cristologia. Desde ponto de vista, a Igreja antiga não se distingue da Igreja nascente, ao consagrar durante

---

[31] Tradução livre do autor, do original: "La cristología lucana contempla cuatro fases de la existência de Cristo. La primera empieza com su concepción virginal y llega hasta el momento em que se presenta em el desierto para recibir el bautismo. La segunda comienza precisamente aqui, en su bautismo, incluye todo el período de su ministério, es decir, el tempo de Jesús, y termina con suascensión. La terceira abarca el tempo entre su ascensión y su venida en la parusía. Y la cuarta es es avenida concreta, la parusía de Jesús. (FITZMYER,1986,p.330).

muitos séculos seu interesse às questões cristológicas (CULLMANN,2008,p.19).

A partir da narrativa de Lc 1,34-35 que diz: "Maria, porém, disse ao anjo: "Como é que vai ser isso, se eu não conheço homem algum? O anjo lhe respondeu: O Espírito Santo virá sobre ti e o poder do Altíssimo vai te cobrir com sua sombra; por isso o Santo que nascerá será chamado filho de Deus"; está fundamentada a concepção virginal por obra do Espírito Santo. Sobre este dado da concepção virginal extraída dessa passagem, Fitzmyer esclarece dizendo que:

> A descrição deste fenômeno, está articulada numa linguagem figurativa que naturalmente não pode dar resposta as perguntas que foram feitas desde a Idade Média até a nossa teologia contemporânea. O dado da concepção virginal, é em Lucas uma dedução, em contraste com o caso do anuncio do nascimento de João Batista, filho de pais velhos e mãe estéreo. Não é o resultado de uma afirmação expressa do evangelista. (FITZMYER,1986,p.324)[32]

Neste caso a apresentação lucana difere notavelmente da anunciação explícita de Mt 1, 18 " A origem de Jesus Cristo foi assim: Maria, sua mãe, comprometida em casamento com José, antes que coabitassem, achou-se grávida pelo Espírito Santo". Como sabemos, Lucas é o único evangelista que apresenta a atuação do Espírito Santo no ministério de Jesus e na vida da Igreja. De modo específico, considerado a atuação do Espírito no ministério público de Jesus, podemos vê-la bem claramente em Lc 3,22 "E o Espírito Santo desceu sobre ele em forma corporal, como pomba. E do céu veio uma voz: Tu és o meu filho, eu hoje te gerei". Outras passagens atestam a presença do Espírito na atividade de Jesus: Lc 4,1.14.18; 10,21.

Após ter fundamentado a concepção virginal, Lucas nos apresenta um outro aspecto, ou seja, a estreita relação entre Jesus e seu Pai. Esta relação pode ser vista nas passagens de Lc 2,49 "Ele respondeu Por que me procuráveis? Não sabíeis que devo estar na casa de meu Pai?". Outras narrações se sucedem: Lc

[32] Tradução livre do autor, do original: "La descripción de este fenómeno está articulada en um linguaje figurativo, que, naturalmente, no puede dar respuesta a la infinidade de preguntas que se han planteado sobre la cuestión, desde a la Edad Media hasta nuestra teologia contemporânea. El dato de la concepción virginal es, em Lucas, una dedución por contraste com el caso extraordinario de Juan, hijo de padres ya ancianos y de madre estéril; no es el resultado de uma afirmación expressa del evangelista (FITZMYER,1986,p.324).

3,22;9,35,10,21-22; 23,46. Nessas passagens, podemos perceber a intenção do autor sagrado em enfatizar a comunhão de Jesus como Filho de Deus e ao mesmo tempo, a continuidade dessa intimidade através da missão que o Pai lhe confiou.

O elemento chave da cristologia, a ressurreição de Jesus dentre os mortos, descrita nos quatro evangelhos, é descrita na obra Lucana, com algumas particularidades. O acontecimento da ressurreição de Jesus é narrado em Lc 24, 6: "Ele não está mais aqui, ressuscitou"; e em At 2,24 "Mas Deus o ressuscitou libertando-o das angústias do Hades, pois não era possível que ele fosse retido em seu poder"; segue-se outras passagens sobre a ressurreição: At 3,15; 4,10; 5,30; 10,40; 13,30.33.37; 26,2. Nas narrativas referentes a Ressurreição, Lucas é o único autor do Novo Testamento que fala de "provas" da ressurreição de Jesus conforme At. 1,3: "Ainda a eles apresentou-se vivo depois de sua paixão, com muitas provas incontestáveis: durante quarenta dias apareceu-lhes e lhes falou do que concerne ao Reino de Deus". Podemos dizer hipoteticamente que a intenção de Lucas a utilizar o termo "provas", era para dirimir algumas questões ou esclarecer algumas dúvidas da comunidade a respeito da ressurreição de Jesus.

> Contudo, Lucas jamais apresenta a ressurreição de Jesus como uma pura reanimação ou um mero retorno de sua natureza a uma existência terrestre, como o filho da viúva de Nain (Cf. Lc.7,5) ou a filha de Jairo (Cf. Lc 24,26). Lucas sabe muito bem que Cristo entrou em sua glória (Cf. Lc 24,26). E precisamente de sua glória, de sua presença junto ao Pai, é de onde vem Jesus em suas aparições aos discípulos. Desta glória, aparece também a Saulo no caminho de Damasco (Cf At 9,3-6). (FITZMYER, 1986,p.325)[33]

Em todas as narrações que fez sobre a ressurreição, Lucas deixou claro que não a compreende como uma reanimação de cadáver ou como a volta do mesmo ao convívio dos seus, como Jesus fez, quando ressuscitou dos mortos.

Outro dado cristológico descrito é sobre a Ascenção de Jesus: Lc 24,51: "E enquanto os abençoava, distanciou-se deles e era elevado ao céu"; e ainda em

[33] Tradução livre do autor, do original: "Con todo, Lucas jamás presenta la resurrección de Jesús, como una pura revivificación o um mero retorno de su naturaliza a la existência terrestre, como el hijo de la viúva de Naín (Lc 7,15) o la hija de Jairo (Lc 8, 54-55).Lucas sabe muy bien que Cristo há entrado en su gloria, de su presencia junto al Padre, es de donde viene Jesús em sus apariciones a los discípulos. Desde esa gloria se aparece también a Saulo en el caminho de Damasco (Ach 9,3-6) (FITZMYER, 1986,p.325).

At. 2,33; 5,31. Esse termo é característico de Lucas e é empregado pela primeira vez em Lc. 9,51 "Quando se completaram os dias de sua assunção, ele tomou resolutamente o caminho de Jerusalém e enviou mensageiros a sua frente". A nota de página da Bíblia de Jerusalém correspondente a este versículo, explica que a "assunção" ou "arrebatamento" de Jesus (Cf. 2Rs 2,9-11; Mc 16,19; At 1,2.10-11; 1Tm 3,16) compreende os últimos dias de seu destino de sofrimento e os primeiros dias de seu destino glorioso (paixão, morte, ressurreição e ascensão). No livro dos Atos dos Apóstolos, Lucas descreve com riquezas de detalhes esse momento:

> Dito isto, foi elevado à vista deles, e uma nuvem, o ocultou a seus olhos. Estando a olhar atentamente para o céu, enquanto ele se ia, dois homens vestidos de branco encontram-se junto deles e lhes disseram: "Homens da Galiléia, por que estais aí a olhar para o céu? Este Jesus, que foi arrebatado dentre vós para o céu, assim virá, do mesmo modo como o vistes partir para o céu (At 1,9-10)

Sobre esse acontecimento da ascensão, na mesma obra de Lucas encontramos algumas distinções: entre o acontecimento da ressurreição e da ascensão, Lucas estabelece um período de quarenta dias conforme At 1,3 "Ainda a eles, apresentou-se vivo depois de sua paixão, com muitas provas incontestáveis: durante quarenta dias apareceu-lhes e lhes falou do que concerne ao Reino de Deus". Porém, ao descrever a ressurreição em Lc 24, percebe-se através das estruturas da linguagem que os dois momentos ressurreição e ascensão aconteceram no mesmo dia, ou seja, no domingo de Páscoa. Com isso, dá-se uma diferença entre as duas narrativas. A afirmação da ressurreição e ascensão, dadas no domingo de Páscoa coincide com os dados de Mc 16,19 e Jo 20,17, pois todos afirmam a mesma coisa. Quanto a essa distinção entre estes dois dados, Fitzmyer (1986,p.327) esclarece que Lucas através do livro dos Atos historiou a ascensão de Jesus num tempo: quarenta dias; e num espaço: monte das oliveiras. Quanto ao fato de constar na narração evangélica, a ascensão no mesmo dia da Páscoa, como as outras tradições do Novo Testamento, compreende-se que na mentalidade do autor, os dois acontecimentos estão intimamente relacionados.

Com tudo isso, os elementos que descrevemos fazem referencia a dimensão transcendental da existência de Jesus, transparecendo a ideia que Lucas tinha sobre ele. Alguns elementos que hoje se fazem presentes no pensamento cristológico, como por exemplo, a parusia, a intercessão de Jesus junto ao Pai, a pré-existência e encarnação de Jesus, encontram-se ausentes nessa perspectiva cristológica de Lucas.

Porém, mesmo que não apareça explicitamente o termo parusia, Lucas supõe a volta de Jesus como culminância da fase definitiva: Lc 21,17;At 1,11. Na narrativa lucana, não está presente Jesus como intercessor, não que seja negado à intercessão dele junto ao Pai, mas para Lucas, o Cristo glorificado é aquele que tem a função de enviar o Espírito Santo que recebeu do Pai sobre toda a humanidade: At 2,33. Quanto à ideia da preexistia que muitos atribuem como elaboração da teologia paulina, bem como a de encarnação, mais associada ao quarto evangelho, Fiztmyer (1986,p.331) confirma a ausência desses termos: "Pela imagem de Jesus que nos transmite Lucas, carece totalmente dessas duas facetas". Entretanto, as informações que Lucas nos apresenta sobre Jesus constituem-se num registro das impressões das primeiras comunidades, da forma de como compreendiam o evento Cristo e, mesmo carecendo de alguns aprofundamentos que só vieram depois, a cristologia lucana, assim como dos outros evangelistas, fundamenta a fé na pessoa de Jesus Cristo.

5. Características da terminologia querigmática e seus correlatos na teologia lucana

Na introdução deste trabalho já esclarecemos o significado do termo querigma, porém, buscamos aqui aprofundar e correlacionar com outros termos equivalentes que colaboram na compreensão deste capítulo. A palavra κηρυγμα "proclamar", deriva do substantivo κηρυξ , que de acordo com Ruiz, a primeira tradução teria sido "arauto", "pregoeiro". Na cultura grega o arauto é o proclamador, exercia seu serviço na corte proclamando as notícias. Entretanto, a característica da notícia por ele proclamada, consiste em que esta não provinha do arauto, mas da instância superior ao qual servia. O arauto não transmitia sua própria opinião, mas mostrava ser porta-voz do seu senhor. Segundo Ruiz (1999), na antiga Grécia, não havia distinção nítida entre política e religião, dessa forma, ao arauto político que estava a serviço do governante, atribuía-se importância religiosa. Por isso, de acordo com essa compreensão, quando um arauto vinha a um país estrangeiro estava não apenas sob a proteção de seu povo que oferecia garantia por ele, caso viesse a sofrer algum atentado, como também, estava sob a tutela da divindade. E esta dimensão religiosa do arauto era tal que oferecia sacrifícios e rezava a oração.

Na tradução grega do Antigo Testamento, o termo κηρυξ aparece algumas vezes em Gn 41, 43 "Ele o fez subir sobre o melhor carro que havia depois do seu, e gritava-se diante dele "Abrec". Assim ele foi preposto a toda a terra do Egito"; em Dn 3,4 "O arauto proclamava em alta voz: Povos, nações e línguas, eis a ordem que vos é dada"; e em Eclo 20,15 "Ele dá pouco e censura muito, abre a boca como leiloeiro".

Não obstante, no Novo Testamento κηρυξ reaparece, porém, perde a importância que tinha no mundo grego. Somente três vezes se apresenta o termo nos escritos neo-testamentários e, sempre em passagens relativamente tardias. (1 Tm 2, 7; 2 Tm 1, 11; 2 Pd 2, 5, 5). A medida que a raiz etimológica do termo, ou seja, o "arauto" vai perdendo forças nas narrativas neo-testamentárias, aos poucos, a própria comunidade primitiva vai formulando uma nova compreensão que desemboca numa nova terminologia. Certamente, a dificuldade de assimilar a compreensão grega do termo arauto deve-se ao peso excessivo que a pre-história grega atribuiu. Na perspectiva do Novo Testamento, se acentua não sobre o que se anuncia ou proclama a palavra, já que o verdadeiro proclamador é Deus ou o próprio Jesus Cristo. O Novo Testamento não quer falar sobre pregadores humanos, mas sobre o anúncio em si mesmo, pois a mensagem continua independentemente dos pregadores. Nesta perspectiva, um termo que mais corresponde ao Novo Testamento é khrussein indica propriamente "proclamar".

O verbo κηρυσσειν (proclamar), em Rm 10, 8-15, segundo Cerfaux (2012), define o regime cristão. A pregação ou proclamação é a obra essencial, situada entre o envio dos apóstolos e a salvação dos cristãos. A maior parte dos empregos deste verbo se reduz a este caso. O mesmo aparece no momento em que o Apóstolo define sua própria atividade como consta em 1 Ts 2, 9 "Ainda vos lembrais, meus irmãos, dos nossos trabalhos e fadigas. Trabalhamos de noite e de dia, para não sermos pesados a nenhum de vós. Foi assim que pregamos o Evangelho; o verbo também se opõe a falsas concepções conforme 2 Cor 11,4 "com efeito, se vem alguém e vos proclama outro Jesus diferente daquele que vos proclamamos, ou se acolheis um espírito diverso do que recebestes ou um evangelho diverso daquele que abraçastes, vós o suportais de bom grado". E ainda, quando trata da atividade apostólica em geral, conforme Rm 10, 14.15: "Mas como poderiam invocar aquele em quem não creram? E como poderiam crer naquele que não ouviram? E como poderiam ouvir sem pregador? E como podem pregar se não forem enviados?". O substantivo toma um sentido técnico correspondente. Designa não a mensagem tomada objetivamente, segundo o uso do termo aportuguesado "querigma", mas a proposição da mensagem, a ação de apresentá-la.

Rudolf Bultmann[34], um dos expoentes da teologia liberal alemã, analisando a partir da tradição sinótica a dimensão querigmática, identificou a mensagem central do cristianismo com o próprio mensageiro, o mensageiro com a mensagem, relacionando mensageiro e mensagem em um só conteúdo.

> Conforme mostra a tradição sinótica, a comunidade primitiva retomou a pregação de Jesus e continuou a anunciá-la. E na medida em que o fez, Jesus tornou-se para ela o mestre e profeta. Mas ele é mais: é ao mesmo tempo, o Messias; e assim ela passa a anunciar, e isto é o decisivo, simultaneamente a ele mesmo. Ele, antes o portador da mensagem, foi incluído na mensagem, é seu conteúdo essencial. O anunciador tornou-se o anunciado. (BULTMANN, 2008, p. 74)

Sem entrar no mérito da questão de Bultmann quanto à sua análise das narrativas do Novo Testamento, mediante a perspectiva da teologia dialética,

[34] Rudolf Bultmann (1884-1976) erudito teólogo protestante alemão, formado em Marburg, Tübingen e Berlim. Foi professor de N.T. em Marburg, tido como um dos teólogos protestantes mais influentes do séc. XX. Trabalhou intensamente no NT fazendo uso da crítica histórica-literária, e tratou de compreender o cristianismo dentro de seu próprio contexto e como uma possibilidade de fé para o ser humano contemporâneo (GONZÁLEZ, 2008,p.135).

julgamos ser valiosa a sua contribuição em analisar os termos gregos referentes à ação querigmática. Correlacionaremos estas contribuições com as análises também feitas por Fitzmyer e Cerfaux, quanto à compreensão dos termos.

Há um grupo muito importante de palavras do vocabulário paulino que definem a inter-relação entre os primeiros termos usados e a compreensão da Igreja Apostólica a respeito do anúncio ou proclamação querigmática. Dentre eles destacam-se ευαγγελιζομαι, ευαγγελιον, ευαγγελιζεσθαι. Bultmann (2008) faz uma acurada análise técnica dos termos que nos permite compreender as distinções e as correlações entre si, visando esclarecer a atividade da ação missionária apostólica. Em sua análise, o mesmo afirma que "como designação técnica da proclamação cristã surge em breve no cristianismo helenista, o substantivo το εναγγελιον (o evangelho), e para a atividade de proclamar, o verbo εναγγελιζεσθαι (evangelizar)" (BULTMANN, 2008,p.133). O verbo pode ter como objeto tanto uma pessoa quanto uma coisa. Quanto ao sentido destas palavras εναγγελιον e εναγγελιζεσθαι é simplesmente "mensagem", "notícia", e "proclamar", "pregar". Bultmann, assim como Cerfaux, esclarece que o sentido etimológico que nós conhecemos como "boa notícia" ou "anunciar coisa boa", já se desgastou na tradição dos LXX, mesmo que apareça de modo ocasional. Quando se usa εναγγελιζεσθαι para enfatizar "boa notícia", acrescenta-se, como objeto o termo, αγαθα (coisas boas) ou algo semelhante como em Is 52,7, Rm 10,15. Dessa forma, εναγγελιζεσθαι pode ser usado onde de modo algum se trata de boa notícia" (Lc 3,18; At 14.15; Ap 10,7; 14.6). Outro desdobramento pode ser compreendido, por exemplo, em objetos que designam coisas que são agregadas a εναγγελιζεσθαι (ou como objetos genitivos) a εναγγελιον mostram que se pressupõe somente o significado de "anunciar", como por exemplo: εναγγελιζεσθαι τον λογον (anunciar a palavra) ou τον λογον του κυριου ([a palavra do Senhor] em At 8.4; 15.35); e sobretudo εναγγελιζεσθαι το εναγγελιον (anunciar o evangelho) é usado como sinônimo perfeito de κηρυσσειν (proclamar), καταγγελλειν (anunciar), λαλειν (falar) ou διαμαρτυρεσθαι το εναγγελιον (testemunhar o evangelho), e analogicamente το εναγγελιον como sinônimo de to khrugma (a proclamação) e o logoz (a palavra).

Ainda nos é esclarecido por Bultmann que no sentido rigoroso, εναγγελιον ou εναγγελιζεσθαι, só é termo técnico quando usado em termos absolutos, isto é, sem indicação de um objeto para determinar a mensagem cristã determinada quanto a seu conteúdo.

O substantivo κηρυγμα não aparece mais que uma só vez e concretamente se referindo à pregação de Jesus conforme em Lc 11, 32, em paralelismo com Mt 12,41. Nestas duas passagens são os únicos casos em que se emprega este palavra em toda a tradição sinótica. Entretanto o verbo correlativo κηρυσσειν é um reflexo do vocabulário da LXX no qual o verbo denota geralmente uma proclamação profética ou de caráter cúltico sacerdotal conforme pode ser visto em Is 61,1; Zc 9,9; Jl 1, 14; Ex32,5. Seu significado é "proclamar", "pregar" e se refere invariavelmente a um acontecimento.

Na narração do evangelho de Lucas o verbo κηρυσσειν aparece 9 vezes e no livro dos Atos dos Apóstolos, aparece oito vezes. Podemos associar o empego desta palavra dentro da narrativa. No evangelho, em Lc 9,2, se refere à pregação dos Doze; a pregação dos discípulos Lc 12,3 e implicitamente em Lc 24,47 depois da cura do geraseno endemoniado. Por quatro vezes se refere à pregação de Jesus Lc 4,18.19. 44; Lc 8,1. No livro dos Atos, o mesmo verbo é empregado para descrever a atividade dos discípulos do ressuscitado em geral conforme At 10, 42; as atividades de Filipe At 8,5; de Paulo At 9,20; 19,13; 20,25,28,31. Também se aplica na pregação de João Batista At 10,37 e nas atividades dos pregadores judeus At 15,21. O conteúdo desta pregação é Jesus; Jesus Cristo; o Messias conforme At 8,5;9,20;19,13; o Reino de Deus At 20,25; 28,31; se se trata de pregadores cristãos, percebemos que o vocabulário querigmático tem uma notável presença na narrativa lucana, muito mais que nos outros sinóticos.

Porém, em Lucas é muito frequente a substituição do verbo κηρυσσειν por uma série de sinônimos. De acordo com Fitzmyer, essa substituição corresponde apenas a uma variação de estilo. Os sinônimos mais frequentes que encontramos na narrativa lucana são: εναγγλιζεσθαι, διδασκειν, λαλειν e κατσγγελλειν. Estas mesmas palavras são utilizadas nas narrativas paulinas. Certamente, Lucas se identificou com elas. Uma das palavras favoritas de Lucas é εvαγγλιζεσθαι que significa essencialmente "pregar". Não encontramos esta palavra no Evangelho de Marcos, apenas uma vez no evangelho de Mateus. Lucas utiliza esta palavra dez vezes em seu evangelho e quinze vezes nos Atos dos Apóstolos. Com referência a pregação de Jesus esta palavra aparece em sete ocasiões: Lc 4, 18.43; 7, 22; 8,1; 9,6; 16,16; 20,1. A mesma palavra tem vários complementos, como por exemplo, quando se refere ao reino em Lc 4, 43; 8,1.; a Jesus em At 5,42; 8,35; 11,20; 17,18; à palavra em At 8,4; 15,35. Este é o verbo mais usado por Lucas. Os demais, também usados por ele, podem ser identificados em sua obra. O verbo διδασκειν aparece dezessete vezes, podemos citar algumas passagens que contém o verbo, por exemplo, Lc4, 15.31;5,3.17;6,6;11,1. Assim com os demais verbos citados: λαλειν Lc 1,70;24,25; At 3,21.; κατσγγελλειν (anunciar, "proclamar) At 4,2;13,5.38; 15,36; 16,17. Esta questão semântica apenas demonstra a criatividade na narrativa lucana em apresentar o evento Jesus Cristo para os seus leitores.

Como percebemos ao longo deste capítulo, o querigma tem sido objeto de estudo de diversas correntes teológicas. Com o surgimento de novas correntes teológicas na modernidade, tais como a Teologia Liberal e a Teologia dialética, as Sagradas Escrituras tem sido analisadas criticamente. Consequentemente, a obra lucana tem sido objeto de estudo dessas correntes que paradoxalmente tem apresentado uma tese negativa quanto a construção querigmática em Lucas. A suspeita que foi apresentada é de que o evangelista Lucas, em sua obra, não foi fiel ao querigma primitivo. Por isso, é acusado de ter destruído ou deformado o querígma.

Dentre os representantes desta crítica moderna está o teólogo alemão Rudolf Butmann,[35] representante da teologia dialética, que afirmou que Lucas havia abandonado o primitivo sentido querigmatico da tradição sobre Jesus. Muitos corroboraram com esta afirmativa. Uma das razões que levou Butmann a

[35] A obra de Bultmann que Fitzmyer aborda na qual está contida a critica sobre Lucas é Theologia II, p 116-117.

propor essa interpretação foi a ideia de que a concepção lucana havia transformado o cristianismo em um fenômeno histórico de alcance universal. Dessa maneira, o caráter querigmático do evangelho que está subordinado a uma teologia da história, ou seja, o conteúdo da mensagem sofre um processo de historificação e divisão em períodos que traz como consequência uma verdadeira deformação do querigma atual.

Para desconstruir tal argumento, Fitzmyer (1986) retoma o prólogo dos Atos dos Apóstolos e explica que nesta afirmação de At 4, 12, o autor dos Atos dos Apóstolos não descontruiu o verdadeiro querigma pelo fato deste texto está rodeado de outras considerações. O caráter pejorativo dessas teses que atribui a Lucas uma destruição ou pelo menos uma deformação do querigma não se deduz do próprio Novo Testamento, senão de uma determinada interpretação do querigma proveniente da filosofia existencialista e da teologia dialética.

A acusação de que Lucas tinha destruído o querígma tem implícita uma comparação com Paulo. Será inútil buscar na obra lucana um resumo do querígma como o que aparece em Rm 4, 24-25. A tese moderna não tem consideração com a devida atenção e autentica apresentação desse querígma nos escritos lucanos. A apresentação do querigma na obra lucana se dá em duas dimensões que não se contrapõem, mas se completam e se fundem, podendo ser compreendidas como o querigma como ato de proclamação e o querigma como conteúdo proclamado.

5.1 O querígma como ato de proclamação

O ato de proclamar é a primeira dimensão do querigma lucano que tem seu fundamento na própria missão de Jesus Cristo. Na narrativa do evangelho de Lucas, Jesus proclama a salvação escatológica como uma atuação de Deus, um acontecimento que indica a intervenção de Deus na história da humanidade.

Lucas adota de Marcos e de suas fontes próprias essa concepção da pessoa de Jesus como pregador e mestre. Na obra lucana, pregação e ensino de Jesus não são diferenciadas, tanto a pregação de Jesus quanto o seu ensinamento são simplesmente consideradas como proclamação. A variedade terminológica de Lucas não diminui o caráter de interpretação e de exigências comprometidas que possuíam os verbos correlatos em Marcos, mas intensifica essa realidade. Por outra parte, a realidade histórica do sujeito da proclamação, Jesus, no que se refere à palavra escatológica de Deus que interpela o ser humano, na perspectiva de Lucas, não tem mais ênfase que na narrativa de Marcos. Neste aspecto, ambas representações do querigma são substancialmente idênticas.

Lucas difere do texto de Mc 1,15 e apresenta a atividade pública de Jesus fundamentando sua perspectiva no Antigo Testamento a partir de Is 61,1-2. Esse texto, ele correlaciona com sua narrativa em Lc 4,14-15, onde apresenta Jesus se identificando com a profecia de Isaias. Nesta correlação intertestamentária está presente os elementos querigmáticos

Noutra passagem, em Lc 8,1, o evangelista apresenta Jesus aos povos e aldeias proclamando a boa notícia do povo de Deus. No contexto do evangelho, onde Jesus diz "hoje se cumpriu esta parte da escritura", o desafio querigmático que Jesus lança está vinculado ao "hoje" presente porque significa o começo de uma proclamação que é escatológica e que se expressa em termos de libertação com respaldo na correção textual de Is 61 com Lc 4, 18-21, ou em termos do reino de Deus em Lc 8,1. Com esse esquema, Lucas pretende demonstrar que a pessoa que proclama a mensagem querigmática, seja como libertação ou como reino de Deus é o próprio Jesus, o "ungido" que possui a plenitude do dom escatológico do Espírito Santo conforme Lc 5,18; Lc 3,22; 4, 1-18;At 10, 38. Dessa forma, o querigma não é um anúncio pacífico, mas algo que impele o ouvinte, ou seja, o querigma é essencialmente um desafio, uma exigência de compromisso existencial, mediante uma solicitação a tomar partido e a decidir-se existencialmente por essa realidade.

Nesta tarefa de anunciar o querigma, a participação dos discípulos, constitui na narrativa lucana um elemento fundamental. Lucas é o único evangelista que apresenta Jesus em sua tarefa de iniciar e treinar os discípulos para que propaguem e difundam a mensagem que ele mesmo proclama como podemos constatar em Lc 10,16. Neste texto, os discípulos são apresentados como portadores da palavra de seu mestre Jesus. Este, certamente, é um aspecto particular de Lucas. Enquanto no evangelho de Marcos 6,7.13.30 deu-se o envio dos discípulos a pregar, se encerrando em um horizonte limitado; em Lucas, por sua vez, sua perspectiva era difundir a missão dos Doze que foram enviados expressamente a proclamar o reinado de Deus conforme Lc 9, 1-6.10. Em sua narrativa, Lucas faz também referência a uma missão paralela dirigida desta vez aos setenta e dois discípulos Lc 10,1-16. No final da narração do evangelho, Lc 24,47, Lucas, apresenta Jesus ressuscitado dando as últimas instruções aos seus discípulos sobre a missão que devem desempenhar. Esta formulação é tipicamente lucana, na qual pode-se perceber bem a diferença entre Lc 24, 47 e Mt 28, 18-20. Porém, no livro dos Atos dos Apóstolos, 4, 10.12 podemos perceber a enfática atividade missionária dos apóstolos. Compreendemos que a pregação apostólica apresenta a formulação do querigma lucano.

De um modo mais específico, Lucas tem contribuído ativamente para o processo de internalização do querigma cristão. Fitzmyer (1986) fundamenta esta expressão através da formulação querigmática "proclamação é um ato anunciado por Deus", considerando que este aspecto é um dos pontos centrais da composição lucana. Por uma parte, o prólogo do evangelho afirma categoricamente que a narração versa sobre os atos que se tem cumprido no meio de nós Lc 1,1. Por outro lado, o prólogo do livro dos Atos sintetiza o conteúdo do primeiro volume como um relato do que Jesus fez e ensinou. Em sua narração evangélica, Lucas tem apresentado a pessoa de Jesus em sua atividade de proclamar e ensinar, e no livro dos Atos descreveu a proclamação do acontecimento Cristo com a atividade apostólica centrada na pregação do significado salvífico da pessoa de Jesus, como nos diz Otto Betz:

> Lucas não escreveu uma "Antiguidade Cristã", mas o evangelho de Jesus Cristo. Isto revela o compromisso pessoal de Lucas que ultrapassa a atitude neutra de um historiador comum ou até mesmo de um apologista como Josefo. A Obra de Lucas é o testemunho de um crente que por todos os meios apresenta a proclamação do acontecimento Cristo e provoca uma resposta de fé. (BETZ, 1986, p. 132)[36]

[36] Tradução livre do autor, feita do original: That Luke has not written the "Antiquities the Christians", but the Gospel of Jesus the Christ. This reveal a person commitment which surpasses by far that of an

Percebe-se, então, que a obra de Lucas é uma mensagem dirigida a Teófilo e a todos os que se encontram em situação de destinatário, pelo qual se proclama a grande atuação de Deus que realiza a salvação escatológica. Eis de fato no que consiste a obra de Lucas, essencialmente em uma proclamação do acontecimento Cristo e do Reino de Deus e que exige dos destinatários uma resposta de fé e de compromisso cristão tão radical quanto o Evangelho de Marcos e os escritos paulinos.

5.2 O querígma como conteúdo proclamado

De acordo com Fitzmyer (1986), o sentido temático do termo querigma na obra lucana significa um desdobramento do objeto da proclamação cristã. Nesta perspectiva, a apresentação querigmática tem duas facetas, por uma parte tem uma semelhança considerável com outras formulações dessa realidade, ou seja, com formulações querigmáticas das fontes pesquisadas por Lucas e nos outros escritos do Novo Testamento. Por outro lado, sublinha o caráter específico da compreensão lucana, centrada na mensagem de Jesus, no que proclama os discípulos e no que transmite o próprio autor. Oto Betz, em sua análise do querigma lucano, tem uma observação muito pertinente:

> O objeto da proclamação não é nem uma antropologia nem uma escatologia. A intenção do querigma não é formular uma autocompreensao do ser humano, nem descrever a realidade da Igreja como comunidade escatológica. O conteúdo autêntico da proclamação é a pessoa de Jesus. (BETZ, 1968, p132)[37]

Sendo Jesus o conteúdo autêntico da proclamação, Lucas apresenta a mensagem proclamada por Jesus, através de diversos aspectos, tais como, a identificação do próprio Jesus com o conteúdo proclamado, o anúncio do Reino, a proclamação da salvação e a catequese do próprio Jesus ressuscitado.

---

ordinary historian, even of such an apologete as Josephus. Luke´s presentation of history has a kerygmatic ring; it is the witness of a believer which demands faith. (BETZ, 1968,p132).

[37]Tradução livre do autor, feita do original: The firste article of Luke´s faith é neither anthropology as man´s self-undestanding nor the church as the eschatological community, but Jesus the Christ (BETZ, 1968,p132).

O primeiro aspecto consiste na identificação de Jesus com o conteúdo de Is 61, 1-2. Antes de começar propriamente a pregar o Reino, em Lc 4,43, Jesus anuncia solenemente que Ele e sua Palavra são o cumprimento de uma realidade salvífica projetada no velho oráculo de Isaías. A pessoa e a pregação de Jesus inauguram o ano da graça do Senhor conforme Is 61, 1-2. O ano da graça se refere ao período em que Jesus dá início a sua atividade. A apresentação lucana reflete um primitivo significado do querigma em que o próprio mensageiro constitui e personaliza a mensagem.

Outro elemento é a pregação do Reino que no evangelho, Lucas diferencia de Mateus, apresentando Jesus como o grande proclamador do Reino e não João Batista. Em Mateus 3,2 a pregação de Jesus tinha ressoado na voz do Batista. Em Lucas 4,43 o primeiro a proclamar o Reino é indiscutivelmente Jesus. Apesar de que a redação lucana não faz a mínima referência a este tema no primeiro sumário Lc 4,15, paralelo ao sumário de Mc 1,15. Esta omissão de Lucas é intencional, pois a pretensão é dar eco a auto-apresentação de Jesus no cumprimento ao oráculo de Isaías, nisto, o esquema de Lucas é mais importante que a pregação do Reino. Quando Jesus proclama pela primeira vez o Reino de Deus subtende a significação deste anúncio: "para isso que eu fui enviado" Lc 4, 43. Como nos diz Oto Betz (1968, p 133) "A nova era começa com a boa notícia proclamada por Jesus; o Reino de Deus chegou com o querigma[38]" E o arauto do reino é Jesus. Seu anúncio não é a instrução sobre a natureza do Reino ou do reinado de Deus, mas puro e verdadeiro acontecimento.

Fitzmyer (1986) diz que a pregação do Reino é um elemento que Lucas adota da tradição. Neste aspecto Lucas é tributário de Marcos e da fonte "Q", como pode ser visto nas seguintes narrativas: Lc 8,10; 9,27; 13,19;18,16.17.24.25. Podemos perceber algumas narrativas propriamente de Lucas sobre o Reino. Em um momento Lucas mostra Jesus apresentando o reino como uma realidade iminente Lc 21, 31; 10,11. Ao mesmo tempo, proclama esse reino como algo já presente na pessoa de Jesus e em sua missão Lc 17,21.

[38] Tradução livre do autor, feita do original: The new age begins with the good News preached by Jesus; the Kingdom has with the kerygma (BETZ, 1968,p133).

Destaca-se também algumas atividades de Jesus que se cumpriram quando o reúno chegou: Lc 22,16.30. Nessas passagens tipicamente lucanas se observa uma polaridade diferenciada. Por uma parte se contempla o reino como uma dimensão presente, por outra, o reino está projetado para o futuro. Esta dupla perspectiva tem sua relevância para interpretar a concepção escatológica da obra de Lucas. Jesus apresenta com mais ênfase a realidade provocada pela pregação do Reino no texto de Lc 16,16.

Outro ponto digno de atenção que só Lucas menciona são as catequeses do Ressuscitado que durante quarenta dias instrui os seus discípulos sobre os mistérios de Deus em At 1.3.

Há outro elemento temático na proclamação de Jesus, como nos apresenta o evangelho de Lucas, que não pode passar despercebido. Além de sua auto apresentação como o personagem no qual se cumpre a promessa da libertação anunciada em Is 61,1-2 e de sua pregação do reino, Jesus proclama explicitamente a salvação. Tal palavra aparece apenas uma vez, quando em seu encontro com Zaqueu em Lc 19,9.

Tendo apresentado os aspectos gerais passaremos a um considerável fator, trata-se do querigma enquanto conteúdo proclamado na mensagem dos discípulos. O querigma lucano pode ser considerado nesta perspectiva fixando-se na mensagem proclamada pelos discípulos tanto na narrativa evangélica como nos Atos dos Apóstolos. Podemos distinguir vários aspectos, tais como, a pregação do reino, a proclamação da palavra de Deus e o testemunho que os discípulos deram sobre a pessoa de Jesus em sua condição de enviados para levar a mensagem até o fim do mundo.

Nos atos dos Apóstolos, no que se refere a pregação do reino,o tema mais frequente é a proclamação dos discípulos como palavra de Deus que se apresenta, às vezes, como a Palavra do Senhor ou simplesmente a Palavra. Lucas concentra nessa expressão toda sua síntese da mensagem do cristianismo. (At 4,4; At 29.31; At 6,2.4; At 8, 4.14.25; At10,36.37.44; At 11,1.19; At13,5.7.44.46.48; At 15,35-36; At 16,6.32.). O potencial significado da expressão “Palavra de Deus” indica o Deus que se revela, o Deus que salva e que sai ao encontro do ser humano para obter dele uma resposta de fé At 6,7; At 13, 48.

A proclamação querigmática dos discípulos não se limita a pregar o Reino de Deus ou a palavra de Deus, mas concentra-se na proclamação da própria pessoa de Jesus Cristo, especificamente como crucificado, ressuscitado e exaltado, Messias e Senhor, presente na comunidade de seus seguidores a ação e guia do Espírito Santo.

A referência conjunta destes termos querigmáticos é um reflexo da pregação do próprio Jesus que proclama o reino e o significado da sua própria pessoa. Lucas coloca explicitamente de relevo estes pontos interpretando, à sua maneira, as implicações de Mc 10,29. Por isso, Pedro, em seu discurso de Pentecostes, proclama solenemente "a este Jesus: Deus tem ressuscitado e constituído Senhor e Cristo, a este Jesus a quem crucificastes At 2, 32.36. E também "O Deus de nossos pais " At 5, 30-31. Na mesma linha de Pedro, segue Paulo em sua proclamação sobre a pessoa de Jesus quando discute com os judeus At 17,2-3. Outras passagens At 3, 18-26; At 5, 42; At 8.55; At 9, 20; At 10, 36-43; At 1, 26-39 e especialmente At 11, 20: "anunciando-lhes o Senhor Jesus". A proclamação apostólica chega a anunciar Jesus como o que Deus constituiu juiz dos vivos e dos mortos At 10,42.

Relacionado com a palavra apostólica que apresenta Jesus como intermediário da salvação de Deus oferecida a toda a humanidade, aparece no livro dos Atos 2,38; At 3; 6-16; At 4,1012.30; At 16; At 9, 14.27; At 10,43-48; At16,18. Como também At 4,17-18; At 5, 28-40.41[39].

As referências lucanas ao nome de Jesus se entende como expressão da pessoa de Jesus, faríamos uma série de novas matizações como a que o livro dos Atos apresentou o conteúdo da proclamação querigmática. Em qualquer caso, o que têm que pregar os discípulos em relação ao nome de Jesus está enunciado no

---

[39] De acordo com Fitzmyer, como substrato da frase lucana: "em nome de Jesus" se pode pensar no uso veterotestamentário de sem (nome); por exemplo, Jl 3,5 citado em At 2,21. Igualmente se pode ver em uma conotação de afetividade dinâmica que o AT atribui ao nome, especialmente ao nome da divindade. Na terminologia mais antiga, sobretudo, antes da ideia de "pessoa" chegar a ter cidadania na história das ideias, o "nome" era a forma mais frequente de referir-se ao que ulteriormente se cristalizou como "indivíduo", "pessoa" ou "personalidade". O próprio livro dos atos alude a esta prática comum ao falar de grupos numerosos de pessoa At, 1,15. (FITZMYER, 1986, p 264)

programa missionário que o Ressuscitado confiou aos seus apóstolos em Lc 24,47. A formulação está repleta de termos tipicamente lucanos.

As fórmulas de Lucas "proclamar o Senhor Jesus" e "falar e ensinar em nome de Jesus" expressam seu modo característico de apresentar a expressão do "acontecimento Cristo[40]".

Tendo apresentado o aspecto do conteúdo querigmático na mensagem dos discípulos de Jesus, de modo específico, trataremos da colaboração lucana quanto a formulação do querigma enquanto conteúdo proclamado. A partir da convergência das fontes por Lucas consultadas e das demais proclamações querigmáticas no Novo Testamento é complexo fazer uma precisa distinção da precisa formulação lucana do querigma, distinguindo a formulação querigmática dos discípulos especificamente.

Fitzmyer, buscando distinguir a proclamação querigmática dos discípulos de Jesus e de Lucas, se reporta aos estudos exegéticos de C.H. Dodd[41] especificamente concentrado em sua obra The Apostolic Preaching and Its development, Londres 1936 p 13. O trabalho de Dodd foi tentar distinguir os elementos querigmáticos que pertencem aos discípulos, a Paulo e a Lucas. Quanto a Paulo, o mesmo encontrou fragmentos do querigma primitivo em 1Ts 1, 9-10; Gl 1,4; Gl 3.1; 1 Cor15,3-5; 2Cor 4,4; Rm 1, 3-4; Rm 2, 16; Rm8, 31-34; Rm 10, 8-9. Com estes dados, Dodd fez uma síntese do querígma paulino e se resume nos seguintes termos: o querigma segundo Paulo consiste na proclamação dos atos históricos: como a morte e a ressurreição de Cristo, em um contexto escatológico que é o que dá sentido aos atos. Estes acontecimentos fundamentais marcam a transmissão entre esta época e a era futura. Esta última é a etapa do cumprimento pelo qual manifesta o verdadeiro alcance da afirmação: Cristo morreu e ressuscitou segundo as escrituras.

---

[40] Sobre o termo "acontecimento Cristo" Fitzmyier se refere a maneira própria de falar característica do século XX, se referindo ao significado complexo da pessoa, ministério público, morte e ressurreição de Jesus de Nazaré, para levar adiante a salvação ao gênero humano (Cf. FITZMYER, 1968,p265).

[41] Charles Harold Dodd (1884-1973) erudito do N.T. e teólogo inglês, graduado em Oxford, ministro da Igreja Congregacional, conferencista e catedrático em Oxford, Manchester e Cambridge. Suas contribuições para o estudo do NT são de incalculável valor. Dodd descobre um "núcleo" ou "essência" comum a todos os escritos apostólicos que é constituinte do próprio evangelho, que denomina "querigma". (GONZÁLEZ,2008,p.223).

De igual modo sintetizou Dodd o querigma transmitido no decorrer do livro dos Atos dos Apóstolos. De acordo com ele, há três pontos que o querigma do livro dos Atos se distingue do querígma paulino: primeiro a proclamação querigmática do livro dos Atos não atribui a Jesus o título de "Filho de Deus", como Paulo sempre enfatiza em Rm 1,3-4; segundo, não é dito no livro dos Atos que Cristo morreu por nossos pecados, tal frase é tipicamente paulina 1 Cor 15,3; terceiro, o querigma do livro dos Atos omite toda referência a intercessão de Cristo glorificado, idéia elaborada por Paulo em Rm 8,34.

Dodd, segundo a interpretação de Fitzmyer, pensava que esses fragmentos querigmáticos do livro dos Atos poderiam ser considerados como parte do "querigma de Jerusalém", considerando que a proclamação primitiva é portanto pré-lucana. Aqui está o ponto controverso da tese de Dodd. Muitos pesquisadores questionaram esta afirmação de Dodd que argumenta que essa sistematização querigmática reflete o esquema geral do evangelho segundo Marcos. Os críticos modernos pensam que o querigma de Atos nada mais é que a reprodução da própria organização lucana dos materias evangélicos, quer dizer, o primeiro volume da obra de Lucas[42].

Não faremos aqui uma análise detalhada desta questão, pois o objetivo não é analisar a exegese de Dodd, mas perceber a sua contribuição para esse tema que estamos estudando. Porém, não se pode negar que algumas passagens do livro dos Atos que Dodd considera como querigma pré-lucano tem uma formulação típica de Lucas. Por outra parte, é muito longe de ser evidente que os discursos de Pedro e de Paulo tenham que ser atribuídos integralmente a pura composição lucana. Fitzmyer não corrobora com os argumentos de Dodd em dizer que o material querigmático de Atos é uma composição pré-lucana[43].

Temos que admitir que os elementos individualizados por Dodd representam a pregação cristã da época de Lucas. Todavia, devemos prestar

[42] Para aprofundar esta questão, indica-se as seguintes obras: Die Missionsreden der Apostelgeschichte: Form und traditionsgeschichtliche Untersuchungen (Neukirchem 1961); J.dupont, Études sur les Aces des Aôtres. Paris, 1967. p 133-155.C.f. Evans, The Kerygma: JTS 7. 1956 p. 25-41.

[43] Aqueles que preferem considerar passagens como pré-lucanos não mais do que transpor o parágrafo anterior, como um dos aspectos temáticos de mesaje dos discípulos. Essa atitude só iria confirmar a minha tese sobre a presença de um querigma Verdadeiro nos escritos de Lucas; Com efeito, neste caso, mesmo com um componente pré-lucana (FITZMYER, 1968,p.268).

atenção ao fenômeno de semelhança substancial entre o que se proclama no livro dos Atos e o que normalmente se considera como querigma paulino. O que Fitzmyer conclui é que o conteúdo do querígma lucano resulta extraordinariamente semelhante ao proclamado por Paulo com que tantas vezes se tem comparado e quase sempre em tom pejorativo. Essa comparação do querigma lucano e a apresentação querigmatica paulina tem cingido demasiado o aspecto puramente material à custa da interpelação direta que o querígma tem fora da obra lucana. Porém, devemos reconhecer que nossas reflexões têm se concentrado no aspecto temático do querigma. Nesse sentido, as coincidências superam as divergências.

> Os dois, Paulo e Lucas, cada um ao seu modo, falam de uma nova era, de uma nova etapa de cumprimento, quer dizer, do escatón. Ambos apresentam Jesus como o agente e o intermediário desta salvação escatológica e como o juiz dos vivos e dos mortos (Cf Rm ,16; Rm14,10; AT 2, 19-21; At 10, 41). É verdade que Lucas tem suavizado o aspecto escatológico mediante sua perspectiva histórica, mas não por isso tenha negado as capacidade inatas do querigma para interpelar o cristianismo comprometido com sua fé. (FITZMYER, 1968, p. 269).

Para Fitzmyer, Lucas não apresenta um querigma puramente abstrato, nem uma espécie de discurso insípido, muito menos uma massa de dados da tradição. Todos os elementos estão perfeitamente integrados em sua narração do acontecimento Cristo. O evangelho segundo Lucas não é mais do que a primeira parte de sua obra narrativa; é o que ele tem herdado da tradição evangélica, que ele tem dado forma da maneira que lhe parecia mais adequada: um relato que se pode captar imediatamente a atuação salvífica de Deus em Cristo.

Com esta reflexão, percorremos paulatinamente a obra lucana na percepção da construção do querígma e de sua relevância para os nossos dias. Compreendemos que o esquema da apresentação lucana do querigma como ato de proclamação e conteúdo proclamado é uma estratégia para que a Igreja, em tempos de mudança de época, possa retomar o tema da evangelização e formular novas práxis no campo da missão, tendo como ponto central o evento Cristo.

5.3 Resposta ao querígma

Este capítulo se encerra, abordando a atitude do homem frente a mensagem querigmática. Fitzmyer desenvolve três dimensões que a mensagem querigmática lucana desperta nos ouvintes: Fé, arrependimento-conversão e batismo. Tendo percorrido o caminho da compreensão querigmática na Teologia Lucana, cabe-nos agora, após ter demonstrado o acontecimento Cristo em sua realidade objetiva, passarmos a analisar as principais doutrinas de Lucas sobre o que deveria ser a reação subjetiva do homem frente a esse acontecimento, demonstrando o que o pensamento lucano constitui como a resposta fundamental ao querigma cristão e às exigências de ser discípulo de Jesus Cristo.

A resposta ao querigma está fundamentalmente em três elementos: fé, arrependimento que desemboca na conversão e o batismo. Esta perspectiva não é particularidade do pensamento lucano, pois, há outros autores que convergem ao mesmo pensamento. Desenvolveremos esses três elementos de acordo com a perspectiva de Lucas.

5.3.1 A Fé

Quanto ao elemento da fé relacionado ao querigma, este consiste numa primeira adesão à mensagem ouvida: "a fé vem pelos ouvidos' Rm 10,17. Ou seja, a fé tem sua gênese na escuta da Palavra-mensagem e suscita no ouvinte uma resposta conforme Rm 1,5; 16,26. Esse esquema "escuta-resposta", também faz parte da teologia de Paulo. Lucas descreve uma atitude de fé como um procedimento que requer do ouvinte uma lealdade absoluta e sincera, superando as confusões e os atrativos de uma vida mundana: Lc 8, 11-14.

Na segunda parte de sua obra, Lucas utiliza o termo "fé" como sinônimo de "cristianismo", como podemos observar em At 6, 7; At 13,8; At 14,22). O mesmo chama de "crentes" ou "os que abraçaram a fé" para se referir aos cristãos: At 2, 42; At 4,4.32; At 5,14; At 11,21; At 14,1; At 15, 5.7; At 17, 12.34. Outro dado interessante é que em Lucas, o conceito de fé é algo evolutivo como demonstra em Lc 17, 5-6, neste texto, percebe-se que a fé requer um processo dinâmico.

5.3.2 Arrependimento e conversão

A atitude de arrependimento e conversão é uma das reações tipicamente cristã como as que Lucas descreve naqueles que aderiram à mensagem de Jesus e de seus discípulos. Através de uma simples amostragem detectamos alguns verbos que revelam fortemente a ideia de arrependimento também associada ao perdão dos pecados. Na narrativa lucana, a palavra metanoia[44] está presente em cinco textos da narração evangélica: Lc 3, 3.8; Lc 5, 32; Lc 15, 17; Lc 24, 47. No livro dos Atos, a palavra aparece seis vezes: At 5,31; At 11,18; At 13,24; At 19,4; At, 20,21; At 26,20. O verbo metanoein (arrependimento) aparece nove vezes no evangelho de Lucas: Lc 10, 13; Lc 11, 32; Lc 13, 3.5; Lc 15, 7.10; Lc 16,30; Lc 17, 3. 4. O mesmo verbo aparece cinco vezes nos Atos dos Apóstolos: At 2,38; At 3, 19; At 8, 22; At 17, 30; At, 26, 20.

Há outro termo que justapõe com a ideia de arrependimento, que é traduzido como "conversão" no sentido de "volta, regresso". Nos referimos ao termo "epistrofhe", encontrado em At 15,3 no qual se refere a "conversão dos pagãos". No sentido religioso, o referido termo, de acordo com Fitzmyer, (1986) significa "converter-se" e é utilizado com frequência: Lc 1, 16; Lc 17,4; At 9,35; At 11, 21, At 14, 15; At 15, 19; At 26,18. Em três ocasiões, epistrephein e metanoein aparecem juntos no mesmo contexto At 3, 19: "Arrependei-vos, pois, e convertei-vos, a fim de que sejam apagados os vossos pecados". At 26,20: "Ao contrário, primeiro aos habitantes de Damasco, aos de Jerusalém e em toda a região da Judéia, e depois aos gentios, anunciei o arrependimento e a conversão a Deus, com a prática de obras dignas desse arrependimento".

---

[44] Fiztmyer esclarece o termo "metanoia" utilizado nos escritos do Novo Testamento: "A língua grega expressa o "arrependimento" com a palavra "metanoia", que em sentido etimológico indica uma "mudança de mentalidade". Porém, no Novo Testamento, "metanoia" tem quase sempre um sentido essencialmente religioso. O termo significa romper com uma situação de pecado, ou seja, converter-se a um novo modo de vida. Se trata de um novo começo, de um comportamento moral radicalmente distinto do que se vinha praticando (FITZMYER, 1986,p. 400).

5.3.3 Batismo

A narrativa lucana supõe a existência de uma convicção comum de que o batismo era um elemento essencial de resposta à proclamação do acontecimento Cristo. Um dos legados fundamentais da comunidade primitiva reconhecido primeiramente por Paulo e em seguida por Lucas consistia na necessidade de não somente crer em Jesus Cristo e no papel que ele representava na economia da salvação, mas, além de crer, o crente deveria ser batizado em nome de Jesus.

Os evangelistas sinóticos nunca apresentaram Jesus administrando o batismo. Porém, a necessidade do batismo encontra seu fundamento no mandato oficial do Ressuscitado com o qual Mateus 28,19 e Mc 16,16 encerram suas narrativas evangélica. Lucas não encerra sua narrativa com o mandato do batismo por parte de Jesus aos discípulos. Unicamente em Lc 24. 47-49 se dá ênfase na pregação do nome de Jesus, do arrependimento e do perdão dos pecados.

Fitzmyer, (1986), analisando este aspecto do batismo na narrativa lucana, afirma que não há elementos que se possa fazer uma distinção entre o batismo de João (Lc 7,30; 20,4) e o batismo cristão. A diferença pode estar nas fontes consultadas por Lucas. O batismo de João é uma atividade relacionada com o início do ministério público de Jesus. A distinção entre os dois batismos se caracteriza no fato de que o batismo de João não confere o dom do Espírito Santo, porém, tem um caráter de arrependimento que conduz ao perdão dos pecados. Estas duas ideias, perdão dos pecados e arrependimento, estão ligadas ao acontecimento Cristo.

É no início do livro dos Atos dos Apóstolos que Lucas vai apresentar implicitamente a necessidade do batismo através do discurso de Pedro em At 2,38 " Respondeu-lhes Pedro: arrependei-vos e cada um de vós seja batizado em nome de Jesus Cristo para a remissão dos vossos pecados. Então recebereis o dom do Espírito Santo". O batismo está aqui relacionado com uma das formas típicas de Lucas em que ele expressa o sentido da proclamação querigmática. Porém, será inútil buscar nos escritos de Lucas uma afirmação explícita da necessidade do batismo, como por exemplo, em João 3,5. Essa necessidade, em Lucas, pode ser deduzida implicitamente a partir de algumas passagens do livro dos Atos At 2,28; At 8, 12.37; At 9, 18; At 10,48. Fitzmyer afirma que tão pouco se encontra na obra de Lucas uma explicação concreta das características do batismo cristão como as que aparece na literatura paulina: Rm 6, 3-11; Gl 3, 27-28.

Em todo o N.T. não se faz nenhuma referência explícita ao batismo dos Apóstolos e dos primeiros discípulos. Unicamente o fenômeno de Pentecostes é compreendido como uma profunda experiência do Espírito Santo que tiveram naquele momento ao receber a promessa do Pai. Tal experiência fortaleceu a missão dos discípulos a pregar a mensagem do ressuscitado e fazer um chamado universal ao batismo como meio para receber o dom do Espirito Santo.

A relação entre o Espírito Santo e o batismo é apresentada com clareza no livro dos Atos dos Apóstolos especialmente em At 1,5 "Pois João batizou com água, mas vós sereis batizados com o Espírito Santo dentro de poucos dias". At 11,16 "Lembrei-me, então, desta palavra do Senhor: João, na verdade, batizou com água, mas vós sereis batizados com o Espírito Santo". Através das citações, percebemos que não se diz expressamente que esta purificação ritual do batismo se administrasse em nome do Espirito Santo e muito menos em nome do Pai e do Filho e do Espírito Santo, como consta em Mt 28,19. O mais provável é que a chamada forma trinitária provenha de uma formulação litúrgica derivada de uma tradição cristã muito provavelmente tardia. No livro dos Atos se fala com muita frequência da administração do batismo em nome de Jesus Cristo At 2, 38; At 10,48, ou, em nome do Senhor Jesus At 18,16; 19,5; 22,16. Portanto, o rito batismal, acompanhado da invocação do nome de Jesus Cristo, o Senhor, se reconhece como o verdadeiro acesso do cristão a uma plena participação nos efeitos do acontecimento Cristo e na recepção do Espírito Santo.

Estas três posturas fundamentais frente a mensagem cristã, a partir da teologia lucana, no evangelho e em Atos, constituem a resposta fundamental do homem que se compromete pela fé a se transformar pelo arrependimento e conversão e renovar-se pelo batismo.

CONSIDERAÇÕES FINAIS

O tema do querígma abordado sobre a perspectiva lucana nos possibilitou adentrar nas bases da ação evangelizadora. A Igreja cresceu e se expandiu através da ação querigmática suscitada pelo Espírito do Ressuscitado na vida dos seus seguidores discípulos e discípulas que difundiram a fé. A dimensão querigmática perpassa pelas bases da sólida formação dos agentes missionários. Compreende um processo que vai desde a catequese, a inserção na vida pastoral e na formação contínua dos missionários.

Além disto, apresentar de forma geral a teologia lucana desperta a curiosidade nos leitores e instiga à pesquisa nas fontes bíblicas de onde emana o fundamento da ação pastoral. O intuito foi demonstrar a peculiaridade e a riqueza da teologia de São Lucas cuja perspectiva leva sempre a novos horizontes e ilumina vários temas como proclamação, missão, discipulado, oração, comunidade, partilha, e enriquece a vida cristã como um todo.

A reflexão sobre a dimensão querigmática estará sempre aberta, pois como é uma temática vital da evangelização, a cada época e com suas urgências e transformações, a reflexão vai adquirindo novos contornos e desdobramentos.

Pe. José Bartolomeu Felix de Lima.

Referências

BETZ, Otto. The Kerygma of Luke. In: **Interpretation. A Jornal of Bible and Theology**. April, 1968, P. 131-146.

BÍBLIA DE JERUSALÉM. São Paulo: Paulus, 2002.

BROW, Colin. **Dicionário internacional de teologia do Novo Testamento**. São Paulo: Ed Vida Nova, 1985.

BROWN, Raymond E. **Introdução ao novo testamento**. São Paulo: Paulinas,2012.

BULTMANN,Rudolf. **Teologia do Novo Testamento**. Sandro André –SP: Academia Cristã, 2008.

CHUPUNGCO, Anscar J. **Inculturação litúrgica – sacramentais, religiosidade e catequese**. São Paulo: Paulinas, 2008.

CAMACHO, Fernando; MATEOS, Juan. **Jesus e a sociedade de seu tempo**. São Paulo: Paulus, 1992.

CASALEGNO, Alberto. **Lucas a caminho com Jesus missionário**. São Paulo: Loyola, 2009.

_________. **Ler os atos dos Apóstolos**: estudo da teologia lucana da missão. São Paulo: Loyola, 2012.

CERFAUX, Lucien. **O cristão na teologia de Paulo.** Santo André: Academia Cristã/ São Paulo: Paulus, 2012.

CHUPUNGCO, Anscar J. **Inculturação litúrgica – sacramentais, religiosidade e catequese**. São Paulo: Paulinas, 2008.

COMBLIM, José. **Teologia da Cidade**. São Paulo: Paulus, 1991.

_____________. **Paulo, Apóstolo de Jesus Cristo**. Petrópolis: Vozes, 1993.

CULLMANN,Oscar. **Cristologia do Novo Testamento**. São Paulo: Hagnos, 2008.

EICHER, Peter. **Dicionário de conceitos fundamentais de Teologia**. São Paulo: Paulus, 1993.

FABRIS, Rinaldo; MAGGIONI, Bruno. **Os Evangelhos II**. 4ª ed. São Paulo: Loyola, 2006.

FITZMYER, Joseph A. **El Evangelio Segun Luca.** Madrid: Ediciones Cristiandad, 1986.

GEORGE. A. **Leitura do Evangelho de Lucas.** Coleção cadernos bíblicos 13. São Paulo: Paulinas, 1982.

GONZÁLEZ,Justo L. **Dicionário ilustrado dos intérpretes da fé**. São Paulo Hagnos, 2008.

HURTADO, Larry W. **Senhor Jesus Cristo**. Devoção a Jesus no cristianismo primitivo. Santo André: Academia Cristã/ Paulus, 2012.

JOSEFO, Flávio. **Uma testemunha do tempo dos Apóstolos**. São Paulo: Paulus, 2009.

KÜMMEL, Werner Georg. **Síntese Teológica do Novo Testamento**. São Paulo: Teológica, 2003.

KONINGS, Johan. **A Bíblia, sua origem e sua leitura**. Petrópolis: Vozes, 2014.

LÉON-DUFOUR,Xavier. **Vocabulário de Teologia Bíblica**. Petrópolis,RJ:Vozes, 2013.

MARGUERAT, Daniel. **A primeira história do cristianismo**: os Atos dos Apóstolos. Petrópolis: Vozes, 2011.

MEKENZIE,John L. **Dicionário bíblico**. São Paulo: Paulus. 1983.

MIRANDA, Mário de França. **Igreja e sociedade**. São Paulo: Paulinas, 2009.

MONASTERIO, Rafael Aguirre; CARMONA, Antonio Rodriguez. **Evangelhos Sinóticos e Atos dos Apóstolos**. São Paulo: Ave Maria, 2000.

MOREIRA, Gilvander Luis. **Lucas e Atos** - uma teologia da história: Teologia lucana. 2ª Ed. São Paulo: Paulinas, 2012.

PEREIRA, Isidoro. **Dicionário grego-português e português-grego**. Braga: s/e,1990.

SACCONI, Luiz Antonio. **Grande dicionário Saconni da língua portuguesa: comentado, crítico e enciclopédico.** São Paulo: Nova Geração, 2010.

SCHMID, Josef. **El Evangelho según San Lucas**. Barcelona: Herder, 1968.

Printed by Books on Demand GmbH, Norderstedt / Germany